災害・防災図鑑

すべての災害から命を守る

監修：NPO法人 CeMI 環境・防災研究所

はじめに

　日本はゆたかな自然にめぐまれ、世界でも有数の美しい国ですが、さまざまな自然災害にもおそわれる国です。これは日本列島が地球上の現在の位置にあるかぎり、のがれることのできない宿命です。わたしたちの祖先も自然災害に苦しんできましたが、災害から身を守るための努力を続けてきたからこそ、今の日本があるのです。

　自然災害から身を守るためには、災害がどのように起こるのかを知ることが重要です。災害の起こり方がわからなければ、どのようにそなえればよいのかもわからないし、また不幸にして災害にであったときに、どのようにすると被害を少なくできるのかもわからないからです。

　災害の起こり方はさまざまで、局地的な豪雨や竜巻、台風や大規模な洪水、地すべりや土石流災害のように、毎年のようにどこかでくり返し起こっているようなものもありますが、大きな地震や津波や大噴火のように何十年かに1回くらい起こるようなものもあります。なかには数千年から1万年に1回程度しか起こらないカルデラ噴火のようなものもありますから、災害に対するそなえもさまざまです。

　しかも、災害は1種類だけが単独に起こるとはかぎりません。例えば、多量の雨がふって、洪水が起こっているときに、大きな地震に見まわれることがあるかもしれません。大きな地震が

🟡 この本の使い方

　この本は、自然災害を、地震、火山、土砂、津波、水害、台風、積乱雲、豪雪、自然のめぐみの9つの章にわけて解説しています。それぞれの章は、「たいへん！」「どうして？」「そなえよう！」の3つのステップをふんでいます。「たいへん！」ではどんなことが起きるのか、「どうして？」ではその災害の原因を知り、「そなえよう！」では災害に対するそなえを、わかりやすく解説しています。

どんなことが起こるの？

起こった直後に、近くの火山が突然噴火を始めることも考えられます。異なった災害が同時に起こったり、引き続いて起こるようなことがあると、被害を少なくするための対応のしかたも変わってきます。このような場合でも、それぞれの災害についての起こり方や特徴を知っていることが重要です。基本がよくわかっていないと、応用はむずかしいからです。

　災害が起こったとき、いつでも自分を守ってくれる人たちがいるとはかぎりません。東日本大震災では、「想定にとらわれるな」「最善をつくせ」「率先避難者たれ」という避難三原則を守った釜石の小中学生3000人は、自分たちの判断と行動で津波の被害からにげきることができました。

　このように、災害からどうしたら自分の身を守れるかを考え、自分で行動できるようになることが大切です。自分の命は自分で守るという強い意思を持って行動ができるためには、災害についての正しい知識が欠かせません。

　この本では、日本に住むかぎりさけることのできない自然災害の数々を、その起こり方や被害の種類、被害を少なくして身を守るためにはどうしたらよいのかなどをくわしく説明します。この本を活用して、災害に負けない日本人になってください。

2013年3月

編集委員長　藤井敏嗣

どうして？　災害の原因を知ろう！

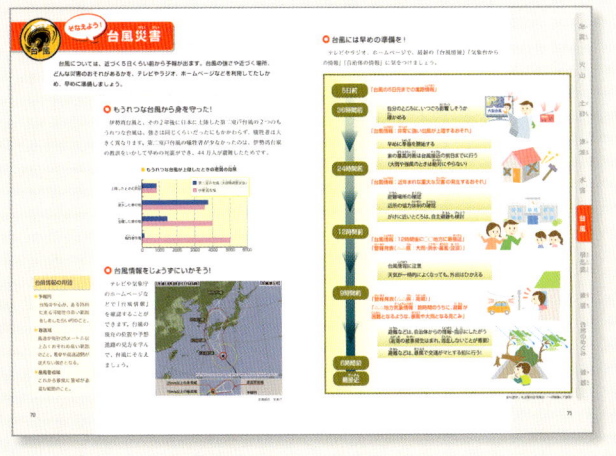

そなえよう！　もしもの準備をしよう！

3

もくじ

地震

- たいへん！　**地震が起こった！** ……… P6
  - ●ゆれによる被害　P6
  - ●地震による地盤変動　P10
  - ●高層ビルの特殊なゆれ　P12
- どうして？　**地震が起こるの？** ……… P14
- そなえよう！　**地震災害** ……… P16

火山

- たいへん！　**火山が噴火した！** ……… P18
- どうして？　**火山が噴火する？** ……… P26
- そなえよう！　**火山災害** ……… P28

土砂

- たいへん！　**土砂がくずれ落ちてきた！** ……… P30
- どうして？　**土砂災害は発生するの？** ……… P32
  - ●豪雨にともなう土砂災害（土石流災害）　P34
  - ●地震にともなう土砂災害（地すべり、がけくずれ災害）　P36
- そなえよう！　**土砂災害** ……… P38

津波

- たいへん！　**津波がおしよせてくる！** ……… P40
- どうして？　**津波が起こるの？** ……… P46
- そなえよう！　**津波被害** ……… P48

水害

- たいへん！　**水害（洪水）が起こった！** ……… P50
  - ●水害によるさまざまな被害　P50
  - ●大規模水害・都市水害・地方都市水害　P53
- どうして？　**水害は起こるの？** ……… P56
- そなえよう！　**水害** ……… P58

台風

たいへん！　**台風がやってきた！** …… P60
- 台風が海面をおし上げる！　～高潮～　P62
- 台風が建物をこわし、樹木をたおす！　～暴風～　P64
- 台風の雨は、数百キロの範囲に大量にふる　～大雨～　P66

どうして？　**台風ができるの？　強い風がふくの？** …… P68

そなえよう！　**台風災害** …… P70

積乱雲

たいへん！　**突然、巨大な雲が立ち上がった！** …… P72
- 積乱雲が災害をもたらす　P72
- 同じところに次から次へと積乱雲ができて「集中豪雨」が……　P74
- 家も自動車も巻き上げる竜巻！　P76

どうして？　**集中豪雨が起きるの？** …… P78

そなえよう！　**積乱雲の災害** …… P80

豪雪

たいへん！　**大雪がふりやまない！** …… P82

どうして？　**豪雪が起きるの？　～天気図でわかる豪雪～** …… P84

そなえよう！　**豪雪災害** …… P86
- ふだん雪の多くふる地方では　P86
- ふだん雪のふらない地方では　P87

自然のめぐみ

大地の動きと自然のめぐみ …… P88

避難

どうする？　**家にいた場合／学校にいた場合／屋外にいた場合** …… P92

資料集 … P98
さくいん … P110

たいへん！地震が起こった！

突然、ガタガタと地面がはげしくゆれました。テレビが台から落ち、重たい家具がいきおいよく、ゆかをすべっていきます。立っていることができず、はわないと動けません。地面には亀裂がはしり、多くの建物がたおれました。ゆれはまだおさまりません。いきなり地面から水が噴きでてきました。せっかくゆれからにげだせても、火事にまかれて命を落としてしまう人も少なくありません。地震はこのように、人の命を危険にさらす、おそろしい自然災害のひとつです。

ゆれによる被害

家具が突然、凶器に！

地震により、家具が散乱しているようす。
1995年1月17日午前6時前、兵庫県芦屋市にて撮影
写真提供：中川和之

地震による突然の強いゆれにより、冷蔵庫やピアノといった重いものが移動し、テレビや電子レンジなどが飛んでくることがあります。特に背の高い家具（食器だな、本だななど）はたおれやすくなります。このように家具が突然、凶器になることによって、けがをしたり、にげ道までふさいでしまうことがあります。

日本の建物は地震に強い？

現在の日本では、マグニチュード6クラスの地震が発生したとしても、家が倒壊するまでの被害は、ほとんど出ません。これは日本の建築基準法が、他の国よりもきびしい基準になっているためと思われますが、昔ながらの日本の建物も、地震に強いことが知られています。特に、ゆれの強さを受け流すようにつくられていると考えられている五重塔は、地震で倒壊した記録がないといわれています。

2011年2月22日、ニュージーランド南部のクライストチャーチでマグニチュード6.3の地震が発生し、多くの建物が倒壊した。
写真提供：Martin Ruff

● 家がつぶれてしまう！

　1995年に発生した阪神・淡路大震災では、6434名の死者を出しましたが、家がつぶれたことなどによる窒息・圧死が原因の死者が、半分以上をしめています。この地震は、ほとんどの人がねている朝5時43分に発生したため、にげるよゆうがなかったと考えられます。

強いゆれにより、1階部分がつぶれてしまっている。
写真提供：財団法人消防科学総合センター
災害写真データベース

● 地震による火災

　1923年に発生した関東大震災では、地震発生後に大きな火災が発生し、多くの人命が失われました。地震がお昼ごろ（11時58分）に発生したため、多くの火事が引き起こされたものと思われます。大きな地震が発生したあとは、多くの火事が発生することが多いですが、消火活動が間に合わないことも多く、被害が拡大しがちとなります。

関東大震災のときの焼け野原。
写真提供：気象庁

地震

火山　土砂　津波　水害　台風　積乱雲　豪雪　自然のめぐみ　避難

● 地面からいきなり、水があふれ出す！

　地震により強いゆれが長引くと、特にうめ立て地などの水分を多くふくんだ地面から、いきなり、水があふれてきます。この現象を「液状化現象」といいます。液状化現象により、建物はかたむき、土管やマンホールなど地中にうめてあるものが、地面にうき上がってきます。

写真提供：安田進（東京電機大学理工学部）

2011年東日本大震災のときに、液状化現象で水と砂が噴出した千葉県内の駐車場。地面の下にあった水と砂が噴きだしたため、地面がでこぼことなり、車がかたむいている。

新潟地震（1964年）が発生した際に、液状化現象で大きく傾斜した県営アパート。写真提供：新潟日報

2011年東日本大震災のときに、液状化現象でマンホールが飛び出した（千葉県）。

写真提供：気象庁

赤い部分は、2011年東日本大震災により、液状化が発生した場所。

資料提供：国土交通省関東地方整備局・公益社団法人地盤工学会

液状化が起こりやすい場所は？

　一般に、地盤は土や砂、水、空気などで構成されています。その中でも、液状化現象が起こりやすい地盤といわれるのは、海岸や川のそばの比較的地盤がゆるく、地下水位が高い砂地盤などです。東日本大震災の際にも、液状化現象が発生した地点は、海岸ぞいのうめ立て地をはじめ、大きな川、湖の近くに多く分布する傾向が見られます。

　新しくうめ立てられたうめ立て地では、うめ立てた地盤を強くかためるなどの液状化現象の被害をおさえるくふうがされている場合が多いです。

地震　火山　土砂　津波　水害　台風　積乱雲　豪雪　自然のめぐみ　避難

地震による地盤変動

突然、道がなくなった！

山間部で地震が発生した場合、強いゆれにより、突然がけくずれが起きることがあります。このがけくずれにより、道路がなくなったり、大きな段差ができたりすることがあります。また地震のときにだいじょうぶだった山や道路でも、余震や地震後の雨により、崩壊することもあります。

2008年岩手・宮城内陸地震では、道路の崩壊や山くずれが多数発生した。
写真提供：宮城県栗原市

二次災害

本震のときにだいじょうぶだった家でも、その後に発生した雨や雪、余震によって被害が起こることがあります。2004年10月23日に発生した新潟県中越地震（マグニチュード6.8）のときも、地震のときはかろうじて倒壊しなかった家が、1〜2月にかけての重い積雪のためこわれる例がありました。また、その後に発生した余震と雨により、さらに家がこわれたり、土砂くずれが発生しました。

2004年新潟県中越地震のときには、線路下のがけがくずれてしまい、その上に乗っていた電柱や線路がかたむいてしまった。
写真提供：気象庁

● 地面がもり上がった！ しずんだ！

内陸の活断層で地震が発生した場合、活断層が地表面にあらわれることがあります。この活断層の真上に建物があった場合は、どんなにじょうぶにつくっていたとしても、こわれてしまいます。

また、2011年東日本大震災のときには、東北地方の太平洋側沿岸が地震によりしずみ、海岸線の形が変わりました。また陸地部分がしずんでしまったため、満潮時に住宅地に海水が浸水する被害も出ました。

1995年兵庫県南部地震では、淡路島西岸にそって1.5～2メートルの地表の食いちがいが出現した。これは活断層である野島断層が動いた証拠である。

写真提供：兵庫県淡路市

左は2011年東日本大震災が発生する前の上空からの写真。右は東日本大震災後の写真。地震が発生したときに、東北地方の太平洋側沿岸は、最大で1～2メートルしずんだ。そのため海水が、標高が低い場所にも入りこんでしまっている（赤い点線の部分）。

写真提供：Google

高層ビルの特殊なゆれ

1階はゆれていないのに、上の階がたくさんゆれる

大きな地震が発生したとき、遠くはなれた平野部で、高層階だけが長い時間ゆれる現象が知られています。2011年東日本大震災のときも、大阪では震度3だったにもかかわらず、大阪府咲洲庁舎の高層階では、天井落下やゆかのきれつなどの被害が生じました。これは長周期地震動とよばれる、ゆったりとしたゆれが原因です。このゆれは、高層階の建物や特殊な建物に被害を生じさせることが知られています。

1985年メキシコで発生したマグニチュード8.0の地震により、メキシコシティの多数のビルが倒壊した。この地震はメキシコシティから約300キロメートルとはなれた場所で発生したにもかかわらず、特定の高さのビルのみ倒壊するという現象となった。特定の高さより高い建物や、低い建物には被害はなかった。これはこの地震による長周期地震動が、特定の高さのビルに対してゆれを増幅させたためと考えられている。

写真提供：阿部勝征

長周期地震動が起こりやすい場所は？

長周期地震動の原因は、地震波が伝わる途中の地下構造にあります。川や海の近くの沖積平野やうめ立て地などの地盤の弱いところで起こりやすくなります。1985年のメキシコ地震では、メキシコシティ（湿地帯をうめ立てた地盤の弱いところ）で長周期地震動が観測され、共振により高層ビルやホテル、高層住宅など多くの建物が倒壊しました。関東平野では周期6秒の長周期地震動の振幅が大きくなり、この周期に合う高層ビル（60階）では、大きくゆれることが知られています。関東平野のほか、大きな平野部である濃尾平野・大阪平野などでも、長周期地震動は大きくなることが予想されています。

● 石油タンク・ガスタンク炎上！

大型タンクを満たした石油は、長周期地震動による、ゆったりとしたゆれにより、中ではげしく動いてしまいます。そのとき上にあるふたがタンクの壁面をこすり、そのまさつ熱で石油に火がついてしまいます。このような石油タンク・ガスタンクで一度火がつくと、消火が困難なため、長い時間、もえ続けることとなります。

2003年十勝沖地震（マグニチュード8.0）の地震により、炎上した石油タンク。
写真提供：札幌市消防局

● 大規模停電で連絡手段がとだえる

規模がとても大きい地震が発生した場合は、電線が切れたり電柱がたおれたり、発電所が止まったりすることによって、広域で停電が起きる可能性があります。2011年東日本大震災のときには、東北地方の広域で停電が発生しました。また、この停電により電波中継局が機能しなくなったことと電話の集中により、携帯電話が広域でつながらなくなりました。1995年の阪神・淡路大震災のときには、回線集中により固定電話がつながらなかったのに対し、あまりふきゅうしていなかった携帯電話がつながりやすかったのです。しかし、携帯電話がふきゅうした現在では、ぎゃくに携帯電話の回線が集中することとなり、2011年東日本大震災のときには、多くの携帯電話はつながらない状態となりました。

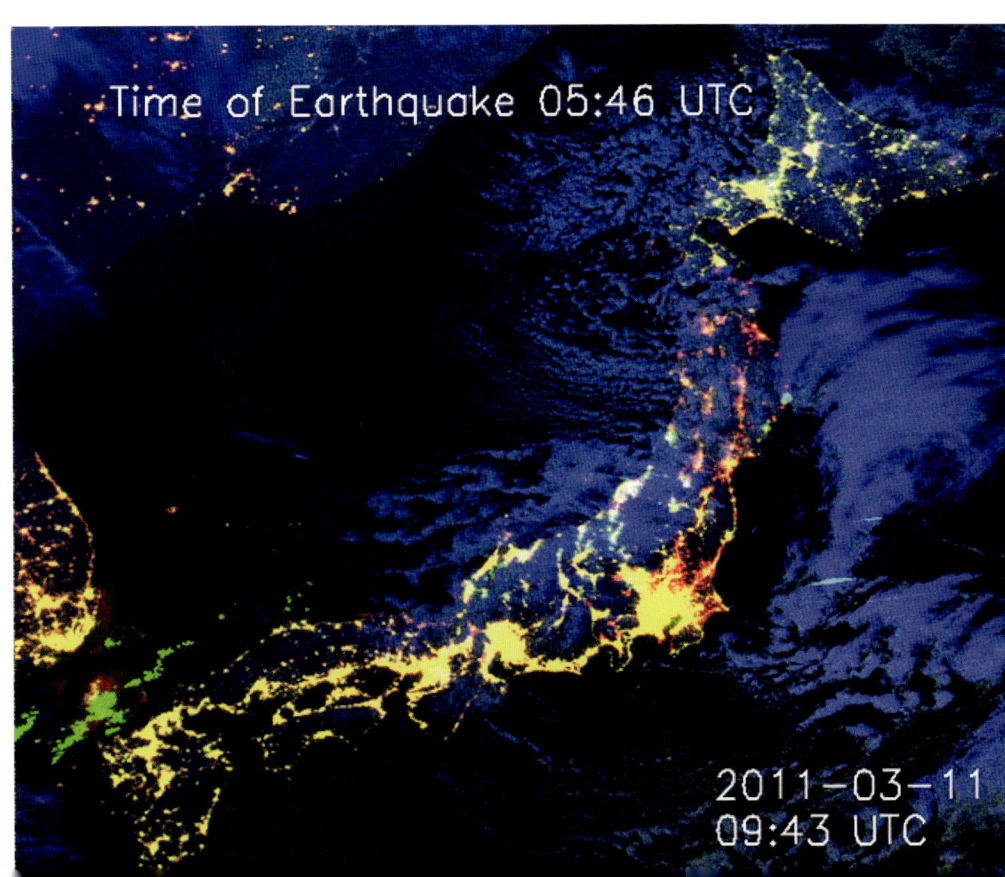

大規模停電のようす（東北地方の赤い部分）。米国空軍防衛気象衛星計画(DMSP)衛星F-18のイメージデータを用いて解析したもので、2010年の平均的な明かりを基本として、2011年3月11日18:43（日本時間）の明かりをイメージしたもの。黄色は2010年とくらべて明かりが変わらない場所、赤色は2010年には明かりがあったが、2011年3月11日の時点で明かりがなくなった場所をしめす。緑色は2010年の時点では明かりがなかった場所をしめす。

写真提供：アメリカ海洋大気庁

どうして？ 地震が起こるの？

人の命を危険にさらす地震は、なぜ起こるのでしょうか？ また、地震は特定の場所しか発生しないといわれていますが、それはどうしてでしょうか？ それを知るには、地球内部の動きと日本周辺の特徴を知らなければいけません。それはどういうことなのでしょうか？

◯ 地震が発生する場所

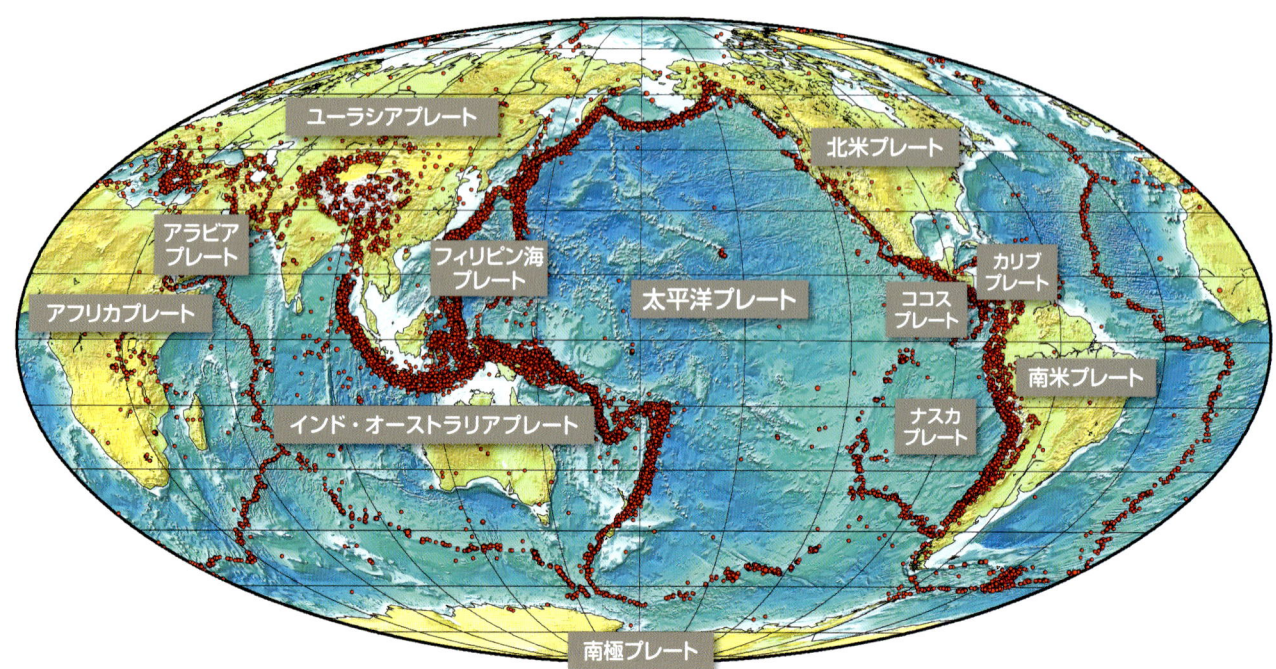

1982〜2011年（30年間）におけるマグニチュード5.0以上の地震分布図。

データ出典元：アメリカ地質調査所

上の世界地図で地震が起こったところ（赤丸）を見ると、世界中のどこにでも地震が発生するわけではなく、帯状に分布していることがわかります。地球の表面にはプレートとよばれる、あつさ100キロメートルほどの岩盤が十数まいあります。地震がたくさん発生している場所「海嶺」は、プレートが生まれる場所（下図a）、プレートとプレートがすれちがう場所（下図b）、プレートとプレートがぶつかっている場所（下図c）のいずれかとなります。特に大きな地震が発生する場所は、プレート境界で発生する地震のタイプの中でも、海のプレートが陸のプレートにしずみこんでいる、「海溝」とよばれる場所になっています。

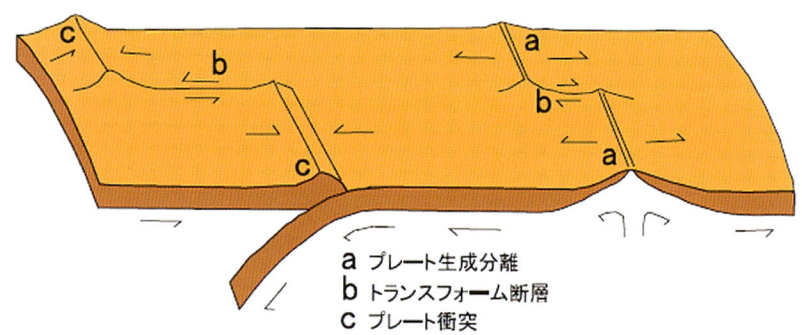

図提供：気象庁

さまざまなプレート境界の模式図。大きく3つのタイプにわけられる。

14

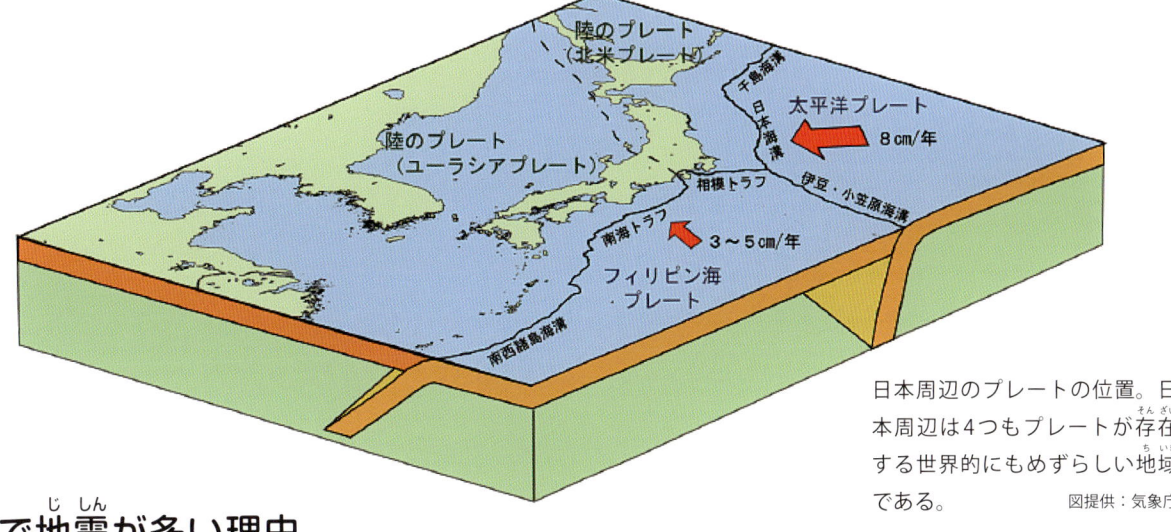

日本周辺のプレートの位置。日本周辺は4つもプレートが存在する世界的にもめずらしい地域である。
図提供：気象庁

● 日本で地震が多い理由

　世界で発生する地震のうちの10パーセントくらいは、日本周辺で発生しています。日本周辺は、海のプレートである太平洋プレート、フィリピン海プレート、陸のプレートである北米プレート、ユーラシアプレートなどの複数のプレートが接している境界に位置しています。そのうち、日本列島の南側からは、フィリピン海プレートが北西方向に年間3～5センチメートルくらいの速度でしずみこみ、日本列島の東側からは、太平洋プレートが西北西方向に年間8センチメートルくらいの速度でしずみこんでいます。特に、関東地方の下では、南からしずみこむフィリピン海プレートの下に、太平洋プレートがしずみこんでいるため、非常に複雑な相互作用が生じていると考えられており、日本の中でも地震が多い地域となっています。

　このプレート境界付近で発生する地震は、下の図のように①プレート境界で発生する地震、②しずみこむ海のプレート内部の地震、③陸のプレート内部の浅い地震（いわゆる活断層の地震）、にタイプわけすることができます。①②のタイプの規模の大きい地震では、津波により被害が大きくなる傾向があるのに対し、住んでいる場所の真下で発生する③のタイプの地震では、地震動による被害が極めて大きくなります。

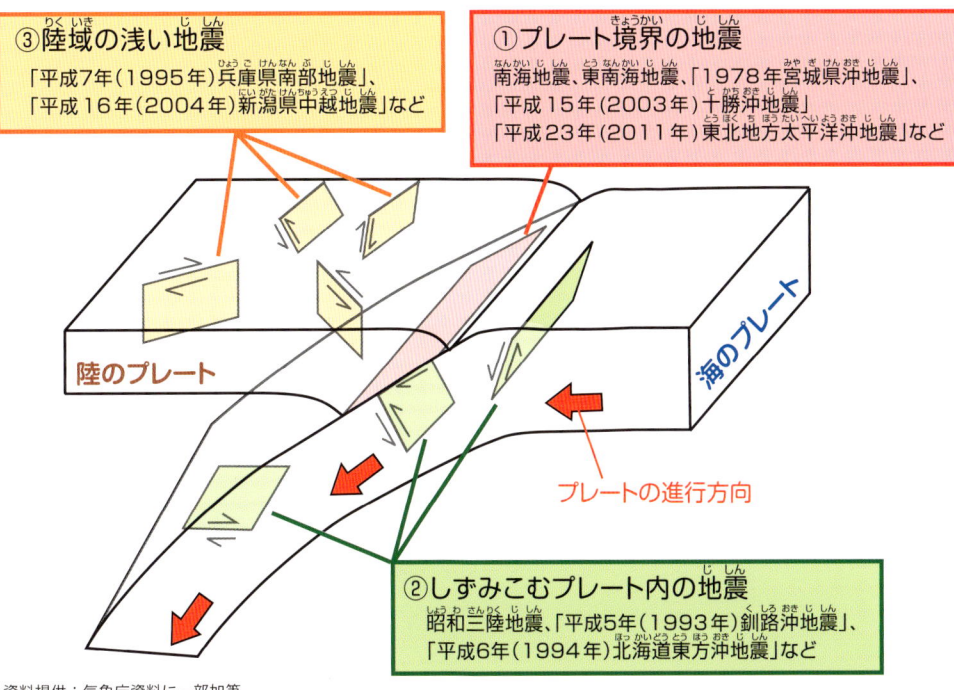

資料提供：気象庁資料に一部加筆

地震　火山　土砂　津波　水害　台風　積乱雲　豪雪　自然のめぐみ　避難

そなえよう！地震災害

いつ、どこで地震が起こるかを正確に知ることは、残念ながらできません。大切なのは、突然、地震にあった場合にも、あわてることなく行動できることです。

● 耐震化と耐震固定

築30年のふつうの2階建ての家に兵庫県南部地震のゆれをあたえた実験映像。補強をしなかった右側の家はたおれたが、耐震補強した左側の家はたおれなかった。

写真提供：防災科学技術研究所

1981年に建築基準法が改正され、耐震基準が大きく向上しました。1995年の阪神・淡路大震災のときも、この1981年以降に建てられた家は無事（家の中はめちゃくちゃになってはいるが）であることが多いのに対し、1980年以前に建てられた家は倒壊していることが多く、その倒壊した家の中で圧死した人も多かったのです。地震にたえられるかの診断および耐震補強については、自治体から補助が出る場合もありますので、自分の家を確認してみるとよいでしょう。

しかし、どんな強い家に住んでも、家の中の家具がたおれてきて、けがをする人も多くいます。本だながたおれて、重い本の下じきになって、亡くなった人もいます。背の高い木だなや食器だなは不安定ですので、かべに固定したりするように心がけましょう。また、ねているときは無防備になっていますので、夜間に地震が発生した場合は、被害が大きくなりがちです。ねる場所の近くに大きな家具を置かないなどのくふうが必要です。

● 備蓄について

地震にそなえて、何日分の食料と水を準備しておけばよいでしょうか？ ほとんどの場合、地震発生から2、3日もすれば、自治体、自衛隊もしくはボランティア団体からの救援物資がとどくことが多いようです。そのため最低でも2、3日間の食料と水を確保しておく必要があります。これらは、時間がたつと、地震のことをわすれ、賞味期限切れになってしまうことがよくありますので、こまめにチェックすることも大事です。また、日ごろから、ふろに水を貯めておくことも有効です。ラジオ、懐中電灯と電池、簡易トイレ、カイロなどは、家庭ごとに必要なものはちがいますので、家庭内で話し合って準備することが大切です。

パニックにならないために

大きな地震が発生したときには、道路の崩壊などにより、物資が不足することがあります。それに加え、買いだめにより、スーパーマーケットなどで一時的に物がなくなることがあります。このような物の不足は一時的なことが多く、地震発生後、餓死による死者はほとんど聞いたことがありません。日ごろからの水・非常食の確保を心がけるとともに、非常時でも必要な量のみを購入し、余分な買いだめをしないようにしましょう。

● 帰宅困難

首都圏では、規模が大きな地震が発生するたびに、電車が長時間止まり、帰宅できない人が多くなります。そのため、日ごろから歩いて帰れるルートを確認しておく必要があります。特に、橋をわたって通勤・通学している人は、橋がこわれたことも想定して、ルートを確認しておきましょう。

また、携帯電話などの連絡手段が不通になることによって、家族と連絡が取りづらくなります。大きな地震が発生したときは、災害伝言ダイヤル（171）が使えるようになります。さらに、最近では携帯電話会社が災害伝言サービスを行っています。日ごろから、災害時に家族とどのように連絡をとるかを話し合っておくとともに、家族の避難場所の確認もしておきましょう。

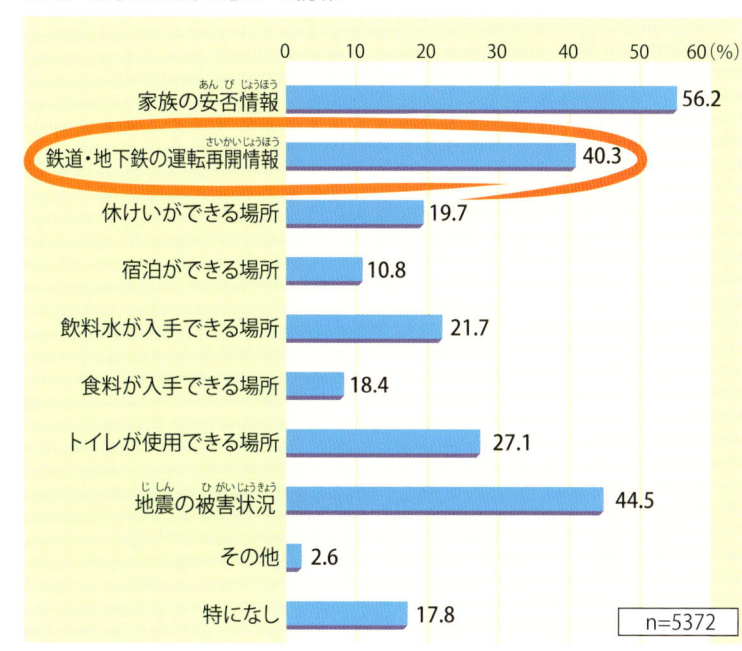

帰宅時に必要と感じた情報

項目	％
家族の安否情報	56.2
鉄道・地下鉄の運転再開情報	40.3
休けいができる場所	19.7
宿泊ができる場所	10.8
飲料水が入手できる場所	21.7
食料が入手できる場所	18.4
トイレが使用できる場所	27.1
地震の被害状況	44.5
その他	2.6
特になし	17.8

n=5372

出展：内閣府「帰宅困難者対策の実態調査」（平成23年）

東日本大震災のときに「鉄道・地下鉄の運転再開情報」を必要とした人は40.3パーセント。多くの帰宅困難者が運転再開時間について、高い関心を持っていたことがうかがえる。

● 緊急地震速報

緊急地震速報は、地震の発生直後に、震源に近い地震計でとらえた観測データを解析して、震源や地震の規模（マグニチュード）を推定し、これにもとづいて各地の震度などを予測して、可能なかぎり早く知らせる予報・警報です。この緊急地震速報は、1回のみの発表ではなく、情報を更新しますので、時間とともにその内容は変化します。

また、情報を発表してから主要動が到達するまでの時間が、数十秒と極めて短いため、震源に近いところでは速報が間に合わないこともあります。短時間のデータだけを使った速報であることから、予測された震度に誤差をともなうなどの限界もあるのです。緊急地震速報を適切に活用するためには、このような特性や限界を十分に理解する必要があります。

緊急地震速報は、テレビ、ラジオ、携帯電話などで受信できます。速報を受けた場合、どこに身を置くかなど、日ごろからのそなえが大切となります。

たいへん！火山が噴火した！

　山の上から熱い溶岩のかけらがガスといっしょに、ものすごいいきおいで流れ下ってきます。空から大きな石や小さな石がふってきます。今、まさに火山が噴火したのです。火山はいったん噴火すると、さまざまな現象を引き起こします。そして、その現象は、時間とともに変化し、火山の周辺の町をこわしたり、さまざまな影響をあたえます。噴火の規模が大きくなると、もっと遠い町にまで広く影響をあたえることもあるのです。

1991年6月の雲仙普賢岳噴火。おしよせる火砕流に、消防団員も必死ににげる。
写真提供：読売新聞／アフロ

■ 噴火によるさまざまな現象

火山灰などの降下

噴石

溶岩流

火砕流

山くずれ

土石流

◯ 車より速い火砕流！！

　溶岩のかけらやガスがいっしょになって流れ下る火砕流は、時速100キロメートルをこえる速さで、低いところ、低いところへとかけおりていきます。温度が数百度もあるので、火砕流がとおったあとは、あたりをうめながら、人も木も建物も、もえて炭になってしまっているのです。
　長崎県にある雲仙普賢岳は、1990〜1995年の間に噴火をくり返し、1991年6月3日の火砕流では43人もの犠牲者が出ました。その後6月8日にもっと大きな火砕流が起きましたが、警戒区域とよばれる入ってはいけない区域が決められていたため、人の被害はありませんでした。

火山が噴火すると、さまざまな現象が起こる。空から大きな石や火山灰がふる。地面を熱い溶岩流がゆっくり流れたり、溶岩のかけらやガスがいっしょになって、すごいいきおいで流れる。また、火山がくずれたり、大きな火口（カルデラ）ができるなど、火山の形を大きく変えてしまうこともある。

写真提供：新堀賢志

火砕流で埋没した遺跡

　イタリア共和国のエルコラーノ遺跡。手前にある土色の建物群が発掘されたローマ時代の住居です。数十メートルの火砕流堆積物で埋没しました。今も遺跡の上に人がくらしています。

地震　火山　土砂　津波　水害　台風　積乱雲　豪雪　自然のめぐみ　避難

2000年有珠山噴火で、数百個の大砲の玉のような形をした噴泥におそわれた、火口に最も近い洞爺湖温泉西山団地。

写真提供：岡田弘（北海道大学）

噴泥の拡大写真。大きさは、約50センチメートル。

写真提供：岡田弘（北海道大学）

◯ 空から石がふってくる

　火山が噴火するとき、火口をつくっている岩石や、引きちぎられたマグマの大きなかけらをふき飛ばします。これを噴石とよびます。火口から直接、弧をえがきながら飛んでくる大きな噴石は、5キロメートル以上も飛ぶことがあります。とても破壊力があり、ときには、コンクリートの建物をつきやぶることもあります。

　2000年有珠山噴火では、火口から近いところにあった団地の屋根が、噴泥（火山からふき出した、かたくて重いどろのかたまり）におそわれ、たくさん穴があきました。

三宅島2000年噴火時には、噴石が鉄筋コンクリートをつきやぶった。

火山は、芸術家？

　マグマのかけらがふき飛ぶとき、いろいろなおもしろい形になります。そのような特別な形をした噴石を「火山弾」とよびます。

　右の写真は、イタリア共和国のヴェスヴィオ火山から噴出した火山弾で、お月さまのようなめずらしい形をしているため、博物館に展示されています。

写真提供：新堀賢志

写真提供：新堀賢志

●「灰」ではなく「ガラスの破片」

噴火のとき、風下の地域に火山灰がふってくることもあります。火山「灰」といっていますが、実はとげとげしたガラスの破片です。そして、有毒な火山ガスが火山灰のまわりにくっついていることもあるため、からだの中に入ると、気管支をきずつけたりして、健康に害をおよぼします。

また、火山灰はふり積もった後も、風などで何度もまい上がるので、噴火がやんだからといって油断してはいけません。水であらい流すこともできますが、側溝をうめたり、水をすって重くなったりします。

火山灰の正体は？

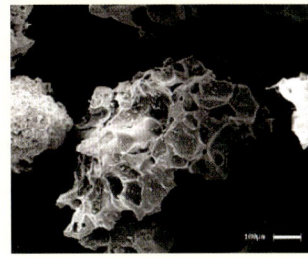

写真提供：防災科学技術研究所

火山灰を顕微鏡でみると、穴があいて、とげとげしていて、とてもいたそうな形をしています。火山灰の中には磁石のような鉱物がふくまれているため、電気製品に入ると故障の原因になるともいわれています。

霧島山（新燃岳）2011年噴火時の火山灰。一度ふり積もった火山灰が風でまい上がっているよう。マスクをした人が、ふたたびまい上がらないように、火山灰をビニール袋に集めている。

写真提供：新堀賢志

●ドロドロに溶けた熱い岩石が流れてくる

火山の地下の深いところには、岩石がドロドロに溶けたマグマがあります。このマグマが地表に流れでたものが溶岩流です。その温度は千数百度になるものまであります。

溶岩が流れると、建物や道路などをうめつくすだけでなく、その熱さで火事を引き起こします。

ハワイ島の溶岩流。流れる溶岩流を見ることができるので、たくさんの観光客が見物に来る。その一方で、溶岩流が周辺の道路や家屋をうめている。

写真提供：新堀賢志

◯ すべてをうめつくしながら進む溶岩

溶岩流は低い方に向かって流れます。時速2〜3キロメートル程度で、人の歩く速さよりおそいものの、その途中にある木々や人工物すべてをおしつぶし、のみこんで流れます。伊豆諸島のひとつ三宅島では、1983年の噴火でおよそ400戸もの家屋が溶岩流にうもれました。

三宅島1983年の噴火では、大量の溶岩流が斜面を流れ下り、阿古の集落の大部分、およそ400戸をのみこんだ。

撮影：宇井忠英

三宅島1983年の噴火。溶岩でうもれた体育館。鉄筋をぐにゃりと曲げて、溶岩流が体育館の中に流れこんでいるようすがよくわかる。この学校は、コンクリートづくりの建物だったが、その一部が溶岩流によっておしつぶされてしまった。今は、溶岩遊歩道として、溶岩の上から学校のようすを観察することができる。写真提供：新堀賢志

◯ 地面がゆれる、もり上がる

　地下の深い所からマグマが上がってくるとき、出口をさがして、まわりの岩石をおしのけて移動するので、地震が起きます。そして、たくさんの岩石をおしのけたり、いつもの出口（火口）ではないところにマグマが上がってきたりすると、地面が大きくもり上がったりします。

　2000年の有珠山噴火では、地下にあるマグマが地震を起こしながら上昇するときに、いつもの出口や通り道ではなかったので、地下にあるたくさんの岩石をおし上げて地面がもり上がり、地表にある家や道路をめちゃくちゃにしてしまいました。

有珠山2000年の噴火でマグマが地表に向かって上がってきたときに、地面が大きく動いたことで、おかし工場が地面にのみこまれてしまった。

写真提供：伊藤和明

写真提供：NPO法人環境防災総合政策研究機構

災害遺構って？

　有珠山では、2000年の噴火で大きく地形が変わったことを、そのときに経験していない人たちにわかるように、噴火でこわれてしまった道路を残しました。このように、自然災害を正しくおそれて学ぶために残したものを、災害遺構とよびます。

図提供：東京大学地震研究所所蔵

山がふくらむ？

アメリカのセントヘレンズ火山でも、1980年の大噴火で山が大きくくずれました。山がくずれる前には、1日に最大2.5メートルの速さで山がふくらみました。そして、くずれた山は、28キロメートル先までとどいたのです。

● 山がくずれる！？

　火山噴火のエネルギーはとても大きく、山の形を変えてしまうこともあります。
　1888年、福島県にある磐梯山が爆発的な噴火を起こしました。この噴火によって、火山の北側がくずれて集落がうまり、死者が477名も出ました。

● 東京タワーより深い火口

　火山の噴火で、山頂のようすが大きく変わってしまったこともあります。2000年に起きた三宅島噴火では、あまり大きな噴火ではありませんでしたが、噴火の途中から山頂がリング状にしずみはじめ、とうとう直径が2キロメートル近くの深い火口ができました。このように大きな火口をカルデラとよびますが、このカルデラは、深さが約450メートルもあり、東京タワー（333メートル）の高さよりもずっと深いものです。

● 1日に放出した火山ガスの量が世界一

　火山ガスのおもな成分は水蒸気ですが、このほかに、二酸化硫黄（亜硫酸ガス）や硫化水素などの有害な成分もふくまれていて、これらの成分が多いときは、動物や植物の生命を大きな危険にさらすことになります。2000年の三宅島噴火のとき、噴火のあとも火山ガスが噴きだし続けました。そして、人のからだに危険をおよぼすほど大量の火山ガスの影響により、5年もの長い間、島民は避難せざるを得ない状況になったのです（28ページ参照）。

写真提供：新堀賢志

火山ガスは、そのガスをすった人間や動物が、その場で死んでしまうくらい有害なこともある。そして、火山ガスは目に見えないため、気づかないことも多い。火山ガスがたくさん出ていたときは、島の植物もかれてしまった。

日本全土を火山灰がおおった大噴火

　日本全土をおおうくらい大規模な噴火は、長い歴史のなかでは、実は、何度も起きていますし、将来も起きる可能性があります。最新の研究では、2万9000年前の九州で起きた噴火で放出された火山灰は、日本全土をおおったといわれています。

三宅島の2000年噴火では、山頂にカルデラができていくようすが世界で初めて観察された。7月8日の小さな噴火のあと、山頂の地形を残しながら陥没が始まった。この陥没は次第に大きくなり、8月中旬にはほぼ直径1.5キロメートル、深さ450メートルのカルデラが形成された。大きさと位置は、約2500年前に形成されたカルデラとほぼ同じであった。

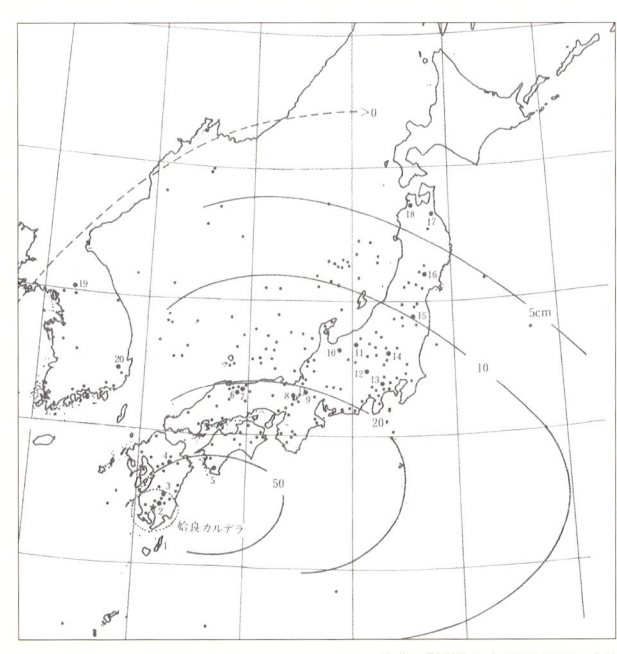

出典：『新編 火山灰アトラス』より

写真提供：日本大学文理学部地球システム学科

どうして？火山が噴火する？

地球の内部には、高い圧力のもと、高温の溶けた岩に気体が溶けこんだマグマがあります。そして、火山の噴火には、この地球内部の動きが関係しています。それは一体どのようなものなのでしょうか？

■ マグマの発生

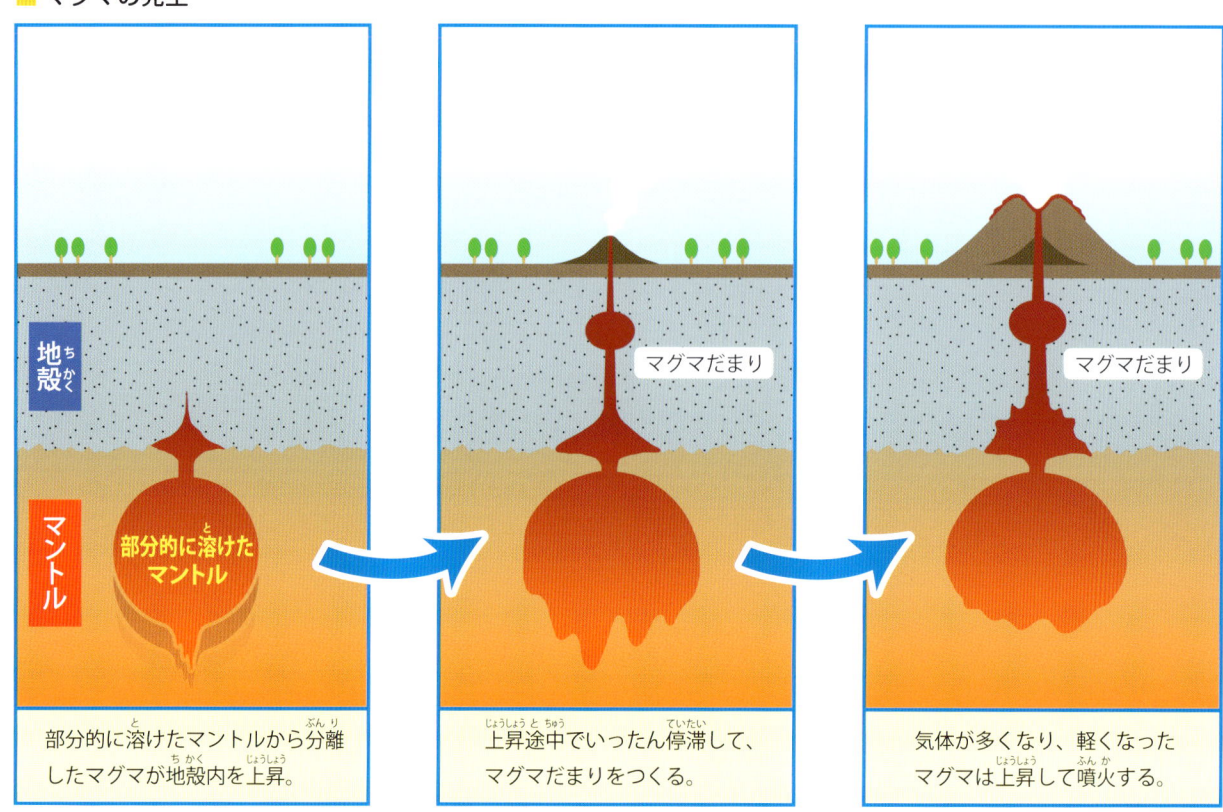

部分的に溶けたマントルから分離したマグマが地殻内を上昇。

上昇途中でいったん停滞して、マグマだまりをつくる。

気体が多くなり、軽くなったマグマは上昇して噴火する。

● まるでコーラが噴きだすように……

火山の下には、どろどろに溶けた岩石、マグマがあります。マグマは、岩石がただ溶けただけではありません。いろいろな火山ガスが溶けこんでいます。そのマグマがひとたび地表に向かって上昇すると、マグマに液体の状態で溶けこんでいた火山ガスが気体の状態になって、いきおいよく噴火をします。これは、よくふったコーラのふたをいきなり開けると、コーラが噴きだすのと同じ原理です。

バームクーヘン？

火山の噴火は何度も何度も起きます。それが歴史となって重なったものを地層とよびます。この地層がどの火山噴出物からなっているかを調べることで、その火山の噴火のくせを知ることができるのです。

伊豆大島にある、火山の噴出物が積もってできた、しましまもようの地層。ひとつひとつのしまで、噴火が起きた回数などがわかる。
写真提供：新堀賢志

噴火が引き起こす現象はひとつだけではない

噴火が始まると、いろいろな現象が起きます。火口からいきおいよく噴きだした火山灰、火山レキ（大きなマグマのかけら）や火山ガスは、噴煙とよばれる雲の柱として噴き上がります。風に流された火山灰や火山レキは、地面にふりそそぎます。その一方で、いきおいよく噴きだしていた噴煙の柱がくずれると、高速で山の斜面を流れ下ることがあります。これが火砕流です。火山ガスが出きってしまうと、地表まで上がってきたマグマが、火口からこぼれ出ます。これを溶岩流とよびます。コーラがこぼれ出るのと同じ感じですね。

このような現象は、つねに決まった火口で起きるわけではありません。火山の山腹やその近くでも噴火することを覚えておきましょう。

噴火をイメージしたコーラの噴出実験。マグマにはガスが溶けこんでいる。それをコーラに見立てて、よくふって噴きだした部分が火山灰。あとからドロドロと出るのが、溶岩と同じである。

写真提供：新堀賢志

先の読めないシナリオ

噴火は、いろいろな現象が起きるだけでなく、それらがどのような組み合わせで起きるのかも、わからないことが多いのです。たとえば、浅間山の1783年の大噴火では、小さな噴火が何回か起きて、そのあとに大きな噴火が起きました。

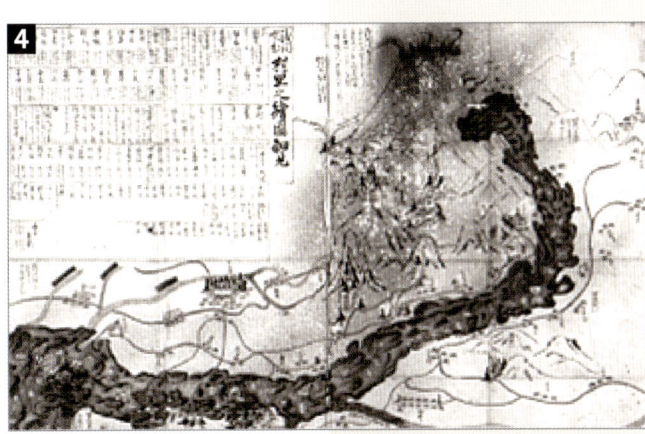

浅間山1783年噴火のようすを示した絵図。1 小さな噴火が起きている。2 少し大きな噴火や火砕流が発生している。3 噴火で家屋に火山灰や噴石が落ち、4 泥流が村々をおそっている。

写真提供：萩原進編「浅間山天明噴火史料集成」（群馬県文化事業振興会）

そなえよう！火山災害

火山がいったん噴火すると、人間の力でおさえこむことは、おそらくできないでしょう。噴火したときに、どうやって身を守るかを知っておくことが重要になります。

火砕流や溶岩流などの影響がないところへ避難する、火山灰をすわないようにマスクをする、噴石から頭やからだを守るためにヘルメットをかぶるなど、起きる現象や規模によって、その対応はちがいます。

写真提供：気象庁

火山灰が周りにただよっているときは、目や口から身体に入らないようにマスクや、ゴーグルをするとよい。

写真提供：防災科学技術研究所

三宅島2000年の噴火のとき、全島民が船で島から避難し、その5年後に帰島を果たした。

○ 島から人がいなくなる

2000年の三宅島の噴火は、これまでの噴火の経験から、6月に起きた海底噴火で、噴火は終わったものと思われました。しかし、その後、島民が経験したことのないカルデラ形成、火砕流の発生があったために、全島民約4000人が避難したのです。しかも、カルデラから大量の火山ガスが出続けたために、帰島できたのは約5年後でした。このように、火山災害の場合、災害現象が長期にわたり、被害が長引くことも少なくないのです。

○ 温泉街が大ピンチ

2000年の有珠山噴火のときには、温泉街に近いところで噴火が起き、噴火によって地面が大きくゆがみました。しかし、いち早く噴火が予知されて、人々は避難し、火山災害から身を守ったのです。

どこに、にげればいいの？

火山の近くでは、火山防災マップという地図が配布されています。火山防災マップには、噴火の影響がある範囲が出ているので、それを見てふだんから避難について家族で話し合っておきましょう。

有珠山の2000年噴火は温泉街の近くにある西山山麓で3月31日にはじまり、多くの火口をつくった。写真は温泉街の住民が、まだ避難所にいた5月29日に火口のひとつから噴煙を噴きあげたところを撮影したもの。

撮影：宇井忠英

敵を知る!!

火山ごとに「噴火のくせ」があります。それを調べることで、その火山が噴火すると、どんなことが起きそうかを想像することができます。学校の図書館やインターネットで、家の近くにある火山の「噴火のくせ」を調べることも、有効な火山へのそなえになります。

● 日ごろからの火山の監視・観測が勝負！

気象庁では、日ごろから火山を監視しています。もし、火山に何かしらの変化があったら、その情報を「噴火警報（噴火警戒レベル）」という情報でわかりやすく、伝えてくれるしくみがあります。

一方で、火山が噴火するしくみは、まだまだわからないこともあるので、いつも噴火を予知できるとはかぎりません。ですから、火山の近くに住む場合は、ふだんから火山を見て、何かいつもとちがうことが起きたら、近くのおとなや防災の仕事をしている人たちに知らせるようにしましょう。

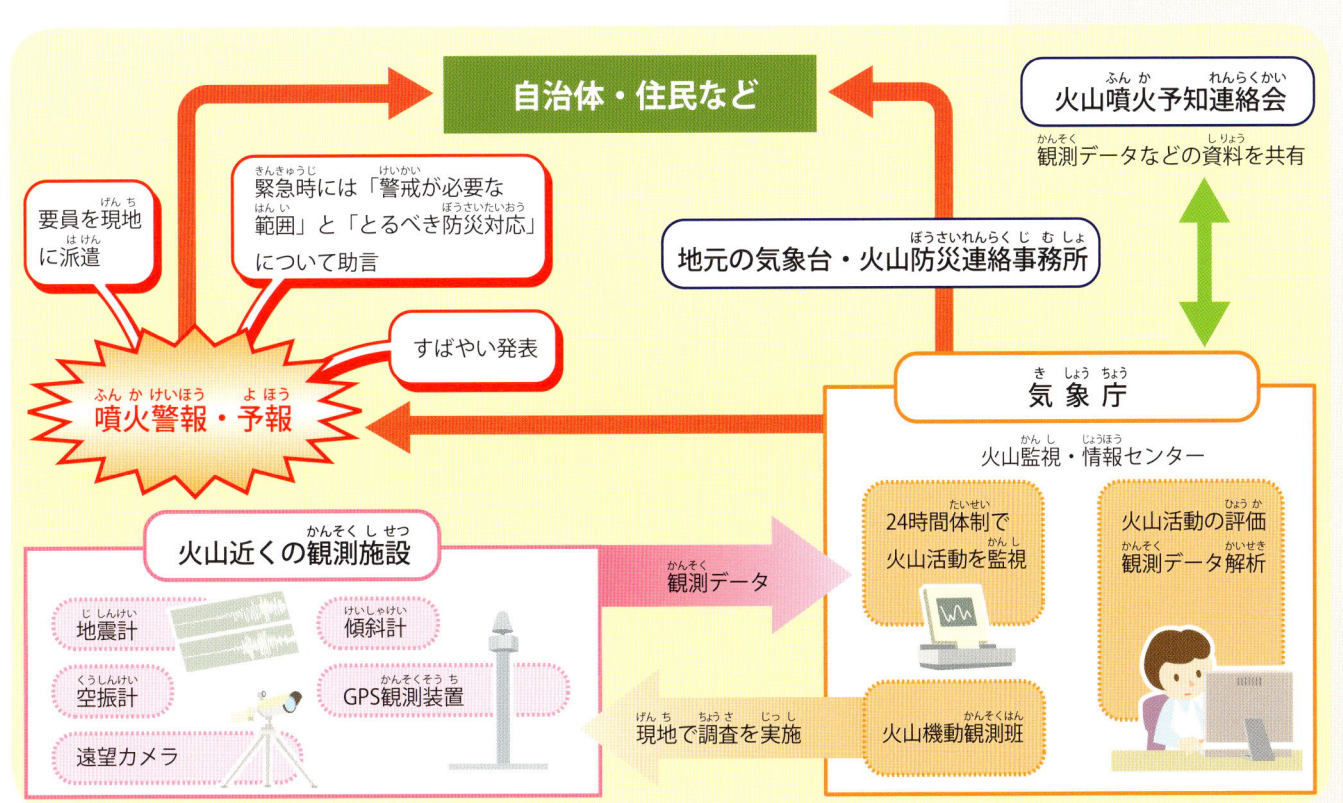

資料提供：気象庁

たいへん！土砂がくずれ落ちてきた！

「土砂災害」ということばを、聞いたことがありますか？

大雨や大きな地震のたびに「記録的豪雨、山口などで6人死亡11人不明、ホームに土石流」（平成21年7月21日、共同通信）といった土砂災害のニュースが、テレビや新聞で見られます。

また最近では、テレビやラジオの天気予報のときに、「大雨がふります。土砂災害に注意しましょう」とよびかけることが多くなっています。

土砂災害とは、どんな災害なのでしょうか？

1991～1993年にかけてたびたび起きた土石流により土砂にうまった水無川下流地域（長崎県島原市、深江町）。

写真提供：池谷浩

● 土石流って、どんな災害？

土石流とは、大雨や地震による山くずれがそのまま下流に流れ下ったり、川にたまっていた土砂が大雨のときに、水といっしょに流れ下ったりする現象です。その速度はとても速く、ときには車の速さと同じくらいの速い流れも起こります。このため、土石流が発生してから避難することは、ほとんど不可能となり、悲惨な被害が生じてしまうのです。

土石流のいろいろ

土石流とひと口にいっても、実はいろいろな土石流があるのです。

活火山周辺でよく起こる泥水のような土石流や、石ころだらけの土石流、そして泥水に大きな石ころがまじった土石流など、さまざまな形があります。

1975年鹿児島県桜島で発生した泥水のような土石流。
写真提供：国土交通省大隅河川国道事務所

1976年長野県上高地で発生した石ころだらけの土石流。
写真提供：国土交通省松本砂防事務所

30

全壊家屋11戸という被害が出た2012年3月、新潟県上越市国川地区に発生した地すべり。
写真提供：国土交通省砂防部

地すべりって、どんな災害？

地すべりとは、地面がゆっくりと移動する現象で、土石流のような速さはありませんが、家や田畑ごと移動してしまうため、大きな被害が発生します。以前に地すべりが起こったところは、地形にその形が残っていて、地すべり地形とよばれています。このような地形のところでは、ふたたび地すべりが起こることがあります。

がけくずれって、どんな災害？

がけくずれとは、家の裏の急勾配のがけが、くずれ落ちる現象です。地すべりにくらべると、がけくずれは規模が小さいのですが、大雨や地震により全国で発生することから、その発生件数は多くなっています。

負傷者1名、全壊家屋2戸という被害が出た2004年9月、広島県安芸太田町北坂原地区に発生したがけくずれ。　写真提供：国土交通省砂防部

どうして？土砂災害は発生するの？

土砂災害は、どのようなときに発生するのでしょうか。

最も多いのが、大雨のときに発生する災害です。しかし、大雨のときばかりではなく、大きな火山噴火や地震によっても、土砂災害は発生します。

◉ 大雨による土砂災害は、どうして起こるのだろうか？

大雨がふると、多量の雨水が地中に浸透します。山の斜面では、土の重さで下に落ちようとする力と、それを止めようとする力が、おたがいにはたらきあっています。

その地中に浸透した水は、くずれを止めようとする力を小さくするはたらきがあり、その結果、山くずれが発生するのです。地すべりやがけくずれも同じメカニズムで発生します。

天然ダムとは？

大雨や地震、火山噴火などの自然現象により、くずれ落ちた多量の土砂が河川の流れをせき止め、湖を形成することです。

2011年9月、台風12号の大雨により大規模に山がくずれてできた天然ダム（奈良県五條市大塔町赤谷）。
写真提供：池谷浩

火山噴火による土石流は、どうして起こるのだろうか？

活火山地帯で発生する土石流のメカニズムは、少しちがった理由です。

火山の斜面は、水を通しやすい性質をもっています。そのため、ふった雨は、地下水となって山のふもとからわき出ています。火山の周辺に、有名なわき水が多いのはそのためです。

火山が噴火すると、火山灰が斜面に積もります。この火山灰の層はとても細かいつぶでできているため、水を通しにくい層となります。

そこでふった雨は、積もった火山灰の表面を流れ下ります。そのとき、水は細かい火山灰をまきこんで土石流となるのです。

火山灰による斜面の雨に対する変化

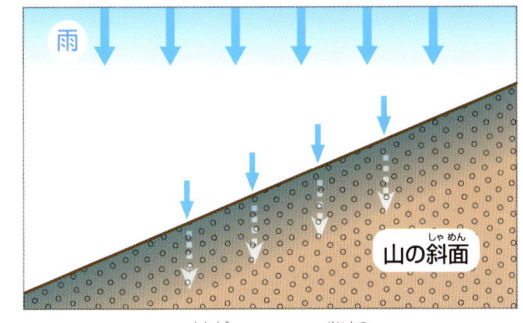

ふだんは雨水が浸透しやすい性質を持っている。

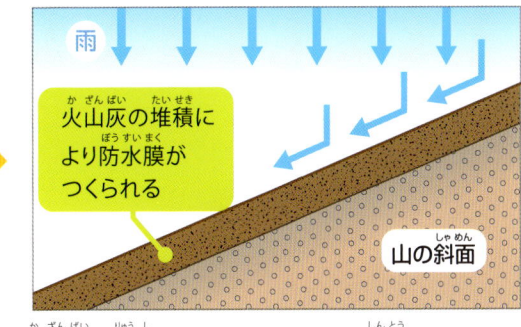

火山灰は粒子が細かいため雨水は浸透しにくくなる。

地震による山くずれやがけくずれは、どうして起こるのだろうか？

地震のゆれが、傾斜のある地盤をゆさぶります。その力が大きくなると、地中にある岩の割れ目や、土の層の弱いところから、山くずれや地すべりが起こります。

震度5強以上の強いゆれが起こった地域では、山くずれや地すべりが発生することが知られています。

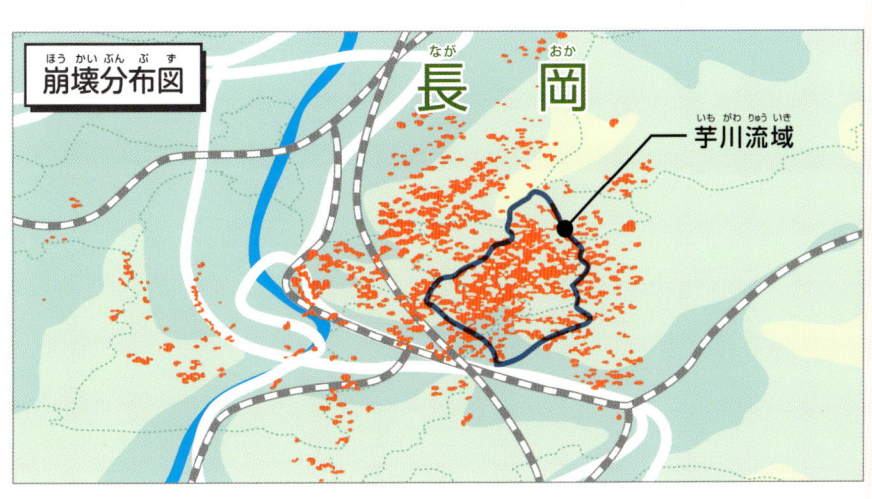

2004年10月、新潟県中越地震により崩壊が集中して発生した芋川流域。旧山古志村などを流れる芋川流域（38平方キロメートル）では、崩壊・地すべりが966か所も発生した。

図提供：国土交通省砂防部

●豪雨にともなう土砂災害（土石流災害）

　2003年7月20日、熊本県水俣市を流れる水俣川の小さな支流、集川で土石流が発生しました。1時間の雨量91ミリという豪雨により、集落から1.5キロメートル上流の山の斜面がくずれ、その土砂が土石流となって流れ下ったのです。下流の集地区で死者15名、重軽傷者6名、全壊家屋13戸、半壊家屋2戸という悲惨な被害が発生しました。

集川の土石流災害現地

写真提供：アジア航測（株）

■ 家屋被害の実態

図：池谷浩　　写真提供：池谷浩

土石流は集落のところで、2つの流れにわかれた。一方は元の川にそって流れ（土石流A）、他方は川から10メートル以上も高い高台の上にかけ上がり（土石流B）、被害を発生させた。

● なぜ、悲惨な被害となったのか？

理由として2つのことが考えられます。

1つ目は、流れ下った土石流のいきおいが強かったことです。流れる速さにすると毎秒10メートルをこす土石流が、そのエネルギーで高台にまでかけ上がり、川ぞいだけでなく高台の家々も破壊したのです。

2つ目は、その高台にいた人々は、土石流が自分の家にまでくるとは、まったく思っていなかったことです。もし土石流が発生するとしても、別の地区であって、自分の住んでいるところでは発生しないと思っていたのです。ですから、避難をしないで、土石流災害を受けてしまったのです。この集落の入り口のところには、「土石流が発生する危険がある谷ですよ」という標識が立っていたのですが、高台に住んでいる人は、「自分は安全なところにいる」、「ここでは50年以上も土石流による災害はないから自分の家はだいじょうぶだ」などという心の油断があったのでしょう。

● どうすれば被害をふせぐことができたのか？

被災状況を見てもわかるように、集地区では集落全域で土石流による被害が発生しています（左写真）。すなわち、この集落には安全な場所がなかったのです。

このような地域は日本国中にたくさんありますが、まずどこかに安全な場所をつくり、そこに避難することが大切です。

安全な場所をつくるためには、砂防堰堤などの工事が必要です（38ページ参照）。それでも、地域全体がすぐに安全になるわけではありません。特に、小川ぞいに建てられた家の人々は、いざというときには、安全なところに避難することが大切なのです。

土砂災害の危険か所

土石流、地すべりや、がけくずれによる土砂災害の危険なか所は、全国で約52万か所もあります（国土交通省砂防部調べ）。危険か所は全国各地に分布していますので、どこが危険なところか一度調べてみましょう。

● 地震にともなう土砂災害（地すべり、がけくずれ災害）

2004年10月23日午後5時56分ごろ、新潟県中越地方を中心としたマグニチュード6.8の地震が発生しました（新潟県中越地震）。内陸での直下型地震で、川口町では震度7が記録されています。

この地震により、地すべり131件、がけくずれ115件の土砂災害が発生しました。

● 地震と天然ダムの形成

中越地震では、多くの山くずれや地すべりが確認されました。そのうちくずれ落ちた土砂の量が、100万立方メートル以上の大規模なものが12か所ありました。その1つが、旧山古志村東竹沢地区の地すべりでした。

東竹沢地区に発生した大規模な地すべりは、斜面の下を流れる芋川を約350メートルにわたってせき止め、天然ダムをつくりました。地すべりによる土砂量は約130万立方メートル、せき止めた高さは28メートルにも達したのです。

東竹沢地区で天然ダムに水没した家々。
写真提供：池谷浩

○ 天然ダム決壊の危険

　東竹沢の天然ダムの場合、満水になると東京ドーム2はい分に相当する、約260万立方メートルの湖が形成されました。

　天然ダムの上流側では、せき止めにともなって水位が上昇し、低いところにある家や道路は水没してしまいました（36ページ参照）。

　また天然ダムが決壊すると、下流地域には土石流が流れ下り、大災害となる危険がせまっていたのです。

○ 住民と行政が一体となってふせいだ災害

　天然ダムの決壊による土石流災害を防止・軽減するために、国土交通省と新潟県は、土石流のハザードマップ（危険区域図）を作成し、住民にしめしました。住民はこの危険図をもとに安全なところに避難をしたのです。

　また水位計でダム湖の水位をはかったり、カメラを設置して、危険度をつねに監視しながら、万が一にも土石流が発生したときには、下流域の住民に警報を出すシステムがつくられました。

　最終的には天然ダムを2基の砂防堰堤で固定して、決壊を防止したのです。国や県による砂防堰堤（38ページコラム参照）の建設や、住民による避難など、行政と住民一体となった対策により、天然ダムの決壊による被害はありませんでした。

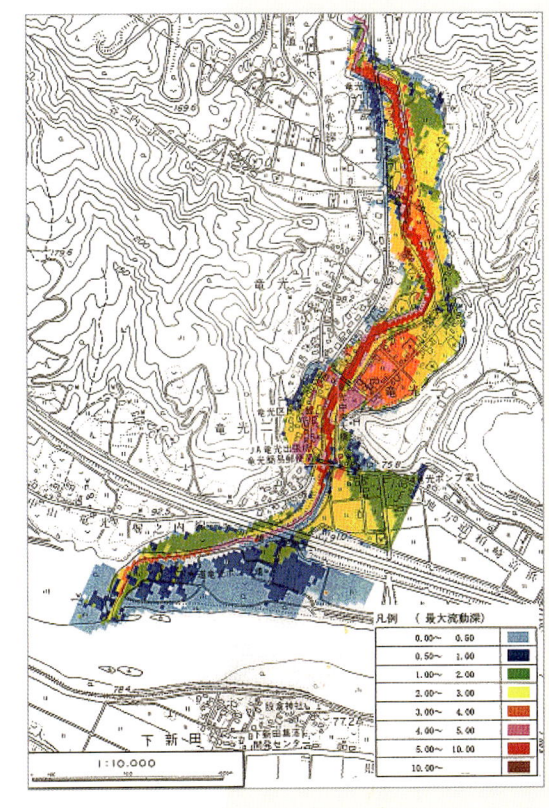

住民にしめされた土石流危険区域図。
図提供：国土交通省、新潟県

天然ダムを固定して下流域の安全を確保した砂防堰堤。
写真提供：国土交通省湯沢砂防事務所

地震　火山　土砂　津波　水害　台風　積乱雲　豪雪　自然のめぐみ　避難

そなえよう！土砂災害

わたしたちの国は国土の70パーセント近くが山地であるため、土砂災害の危険のあるところに多くの人が生活しています。大雨がふったときには、テレビやラジオで土砂災害警戒情報が発表されます。これらの情報に注意して災害をふせぎましょう。

● 発生を確実に予測するのは困難

土石流やがけくずれなどは、土砂が速い速度で動いているため、避難がむずかしく、また、物に衝突したときの力が大きくなるので、人の命がうばわれたり、家屋が破壊されたりする被害が発生します。

これをふせぐための対策が、いろいろと取られていますが、土砂災害の発生を確実に予測することがむずかしいため、対策が取られていない場所で、土砂災害が発生することも多くあります。

● 人命や財産を守るためには

土砂災害をふせぐには、2つの方法があります。

1つは構造物をつくって、土砂の流れをコントロールする方法です。たとえば、土石流の流れを砂防堰堤（下の写真）で止めることが、全国で行われています。

もう1つの方法は、避難することです。あらかじめ、土石流など土砂災害の危険な区域を図にしめしたハザードマップを見て、自分の家が危険なところにあるかどうかを知ります。もし、危険なところに住んでいる場合には、行政から出される避難のための情報（39ページ参照）にしたがって、安全な場所に避難することが大切です。

砂防堰堤

土石流などの土砂災害から、人命や財産を守る対策のひとつ。以前はコンクリート製の構造物が主でしたが、最近では、規模の小さい洪水や土砂を下流に安全に流し、また生物が河川の上・下流を行き来できるよう河川環境を考慮して、すき間のあいた構造物（たとえば、鋼製構造物）がつくられています。特に、堰堤の上流側に土砂をコントロールできる空間をあけておくことが、いざというときのために必要なのです。

コンクリート製の砂防堰堤（黒部川水系黒部川右支川黒薙川）

写真提供：（一財）砂防・地すべり技術センター

○ 土砂災害のハザードマップは、どこで見ることができるの？

インターネットを使って、調べたい都道府県名や市町村名で、「ハザードマップ」と検索すると見ることができます。

ハザードマップの種類には、火山噴火にともなう土砂災害（火山防災マップ）、大雨による土砂災害（土砂災害警戒区域図）などがあります。

または、国土交通省砂防部ホームページ「ハザードマップポータブルサイト」で見ることもできます。

○ 「土砂災害警戒情報」とは、どのようなものなの？

「土砂災害警戒情報」とは、大雨による土砂災害の発生の危険度が高まったとき、都道府県と気象庁が共同で発表する防災情報です。市町村単位で発表され、市町村長が避難勧告や避難指示を発令するときの判断のひとつとなるものです。また、住民のみなさんにとっては、自主避難をするときに参考となる情報でもあります。

避難のための情報

大雨のときには、「土砂災害警戒情報」が、また大雨や地震により天然ダムができたときや火山噴火時の火山灰による土石流の危険性については、「土砂災害緊急情報」が発表されます。これらの情報が発表されたら避難を考えましょう。

自分の家の近くに、このような土砂災害の危険な区域がないか、調べてみましょう。

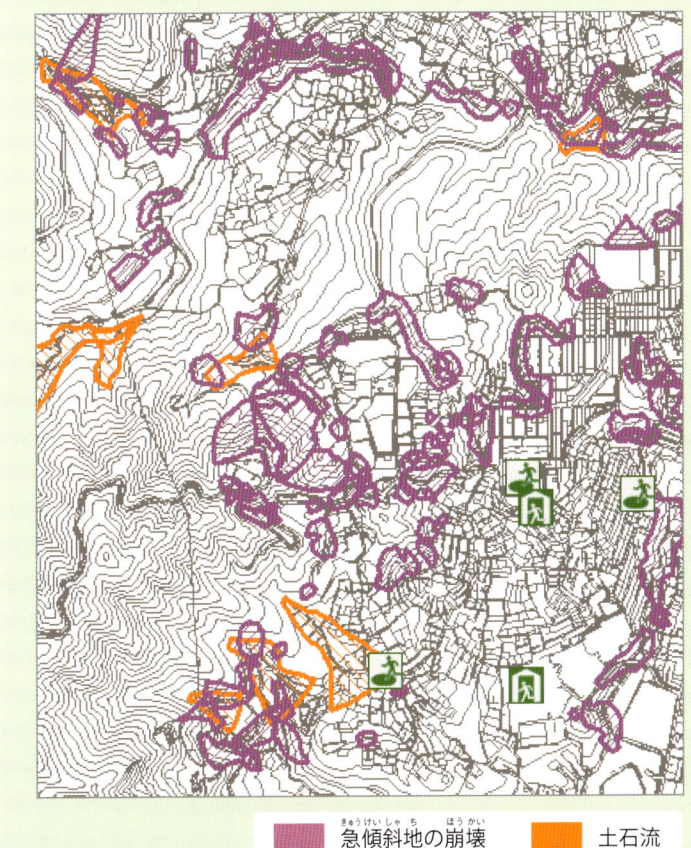

○○県　ハザードマップ　検索

■土砂災害警戒区域図の例

急傾斜地の崩壊　　土石流

鋼製の砂防堰堤（神通川水系平湯川右支川白谷）
写真提供：（一財）砂防・地すべり技術センター

たいへん！津波がおしよせてくる！

　はげしいゆれに何とか建物がたえたかと思ったそのとき、海を見ると、不自然に海水面が下がっています。「津波が来る！」あわてて高台に向かってにげます。その背後から、ゴーッと不気味な音を立てて、巨大な水のかべがおしよせてきました。何とかにげきって丘の上から後ろを見ると、地震にたえた家が根こそぎたおれ、何もかもが巨大な水のかべにのみこまれていました。そして、かべが引いたあと、すべてがおし流され、あとにはあれた地面がむき出しになっていました。

津波がおしよせているようす（2011年東日本大震災、宮城県）。海の高さが木の高さとほぼ同じとなっていて、水のかべとなっていることがわかる。
写真提供：毎日新聞社

海上保安庁の船が福島県沖で撮影した映像で、船がほぼ垂直な津波のかべを乗りこえる場面。　写真提供：海上保安庁

● すべてを破壊する巨大な水のかべ

　ふつうの海の波長が数メートルから数100メートル、周期が10秒程度であるのにくらべて、津波の波長は、数キロメートルから数100キロメートル、周期も何十分もかかります（左側コラム参照）。このため、1回津波がおしよせると、しばらく引かず、おし続けたままとなります。それはまるで、巨大な水のかべが、すべてを破壊しながらおしよせてくるようです。そして、引くときには、これまた巨大なそうじ機にすいとられるように水のかべは一気に沖にもどっていき、このとき、残っていたものを破壊し、沖へと流していくのです。

　こうして、津波がおしよせ、引いたあとには、以前そこに町があったなどとは信じられないくらい、何もなくなっていることが多いのです。

波長と周期って？

　ひとつの波の高いところから、次の波の高いところまでの距離がその波の長さ（波長）になります。また、ひとつの波が通過してから、次の波が通過するまでの時間が、波の周期です。図のように、津波とふつうの波とでは、波長も周期も大きくちがいます。

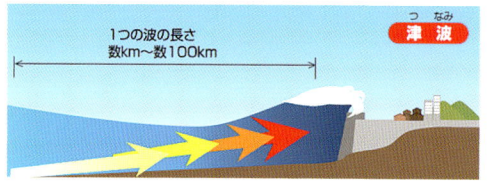

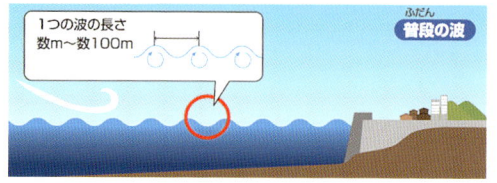

図提供：気象庁

● すさまじい津波の威力

　津波の高さが堤防の高さ以下のときは、堤防が守ってくれていますが、堤防の高さを少しでもこえると、津波は次々とおしよせてきます。堤防をこえた最初のころは、津波の高さも低いので、速度も速くなく威力も小さいのですが、あっという間に水かさがまし、速度を上げていきます。

　たった50センチメートルの津波でも、1メートルのかべに対して、1トンをこえる力を持っています。津波の力は、高さの2乗に比例します。沿岸での津波の高さが3メートル程度から住家流失、全壊が見られ、高さが5～6メートル程度から全壊家屋の数が急増することが多いです。高さ5～6メートル程度の津波の力は高さ50センチメートルのときのおよそ100倍となります。

津波により重いタンカーまでも、陸に打ち上げられている（2011年東日本大震災、岩手県）。
写真提供：アフロ

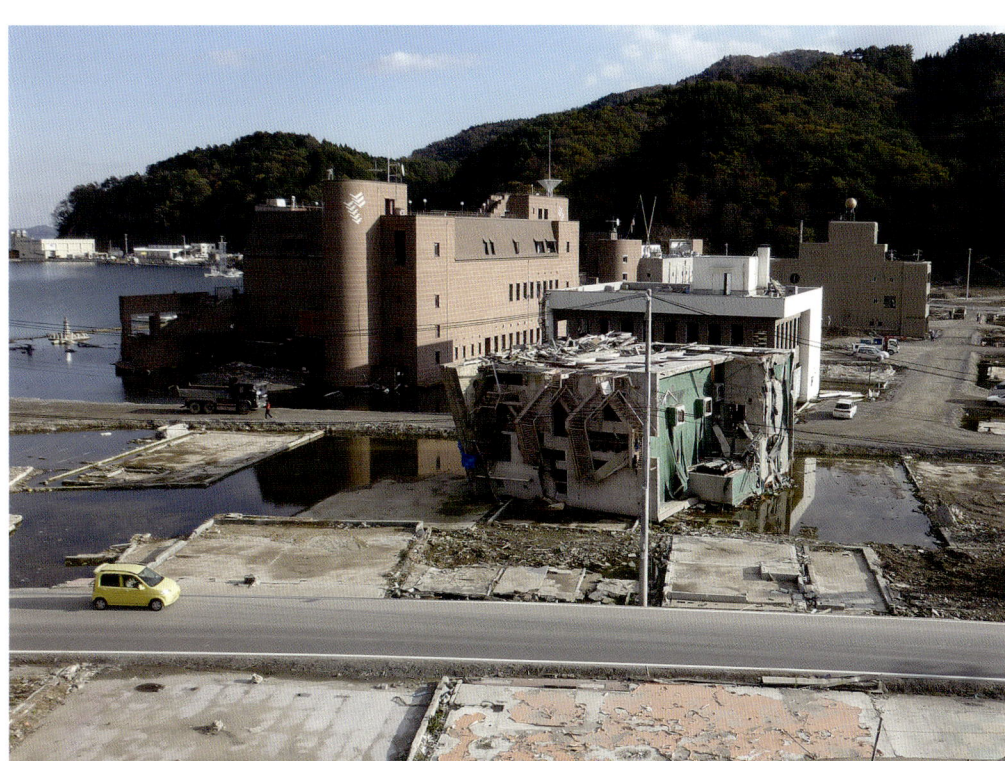

津波により、バスが2階建ての屋上に乗せられている（2011年東日本大震災、宮城県）。この建物の屋上よりさらに高いところまで、津波が来たことがわかる。
写真提供：上野寛

津波により木造住宅はすべて流されている。鉄筋コンクリートの建物も残っているものもあるが、横だおしになっているビルもあった。残っているビルも地震による地盤沈下により、浸水している（2011年東日本大震災、宮城県）。
写真提供：上野寛

地震　火山　土砂　津波　水害　台風　積乱雲　豪雪　自然のめぐみ　避難

津波が川の堤防からあふれる
ようす（2011年東日本大震災、
岩手県）。

写真提供：岩手県宮古市

🔴 川をさかのぼる津波

　海からはなれた場所でも、津波の被害にあうことがあります。津波が数十キロメートル上流の川までさかのぼった記録が残っており、川からあふれた津波が被害を拡大させることもあります。川をさかのぼる津波の場合、周期の短い複数の波に分裂し、高さ2倍程度まで急激に高くなる場合もあります。さらに、洪水のときと同じように、大きく湾曲する場所の外側で水位が高くなり、堤防をこえることもあります。また、津波が川をさかのぼるときは、水の深さがある程度あるため、陸に上がった津波より先に来ることがあります（46ページ参照）。そのため、下流側から陸に上がった津波と、上流側から川からあふれた津波が同時におそうこともあるので、海岸から数キロメートルはなれた場所でも、河川の近くでは津波に注意しなければなりません。

津波が川をさかのぼるようす
（1983年日本海中部地震、秋田県）。

写真提供：国土交通省 東北地方整備局
能代河川国道事務所

浸水範囲概況図 13

東日本大震災のときの宮城県の名取川、阿武隈川周辺の浸水域マップ。名取川では海岸から8キロメートル上流まで、阿武隈川では6キロメートル程度上流まで浸水した。川ぞいでは、海からはなれていても、津波が来るかもしれない。

資料提供：国土地理院

● 何度もおしよせる津波

　津波は最初の波が一番高いとはかぎりません。どちらかというと、第二波、第三波の方が高いことが多いです。そのため、津波がおそってきたあと、一度津波が引いたからといって、決して安全になったわけではありません。第二波、第三波と津波は次々とおそってきます。また、津波が来る方向もずっと同じとはかぎりません。陸および海底の地形の影響により、津波が反射や屈折によって進行方向を変えたり、ちがう経路を通ってきた津波が重なることもあり、津波がちがう方向からおそってくることも多いのです。特に海外で発生した地震の場合は、日本の沿岸に到達する第一波より、ずっとあとの波が最大となる場合が多いのです。これは震源が発生した遠い海外から日本までの間に、反射や屈折により進行方向を変えた津波がいろんな方向を通り、日本周辺で重なってしまうことが原因です。津波警報が解除されるまで、避難を続けることが大事です。

津の波 ＝ Tsunami

　津波の「津」は、港を指す昔の言葉です。よって津波とは、港をおそう波という意味で使われてきました。つまり、港から遠いところではそれほど高くない津波でも、港に近づくにつれ波の高さが高くなり、港内で大きな被害が生じる、ということが語源とされています。また、津波は英語でも「Tsunami」とよばれています。これは、1946年にアリューシャンで発生した地震で、ハワイにいた日系人が津波を見て、そうよんでいたのを聞いたハワイの人たちが、使うようになったのがきっかけです。そのあと、アメリカおよび全世界で使われるようになっています。

最初の波から10時間後に最大の波？

　2006年11月および2007年1月に発生した千島列島東方の地震では、場所によっては、最初の津波から10時間以上たった後に、最大の津波を観測したところがあります。最初の津波は地震発生場所から直接やってきましたが、後からの津波は太平洋上にある遠くはなれた海山の列で反射したものがおくれて日本にやってきました。このように最初の津波が来たあと、かなり時間がたったあとでも、大きな津波が来ることがあります。

○「水」があるのに、火事？

　津波で辺りすべてがぬれているのにもかかわらず、津波がおしよせた後に、火災が発生するのはめずらしくありません。陸に上がってきた津波で、家庭のコンセントがぬれるなどで漏電し、こわれた住宅のガスや燃料に引火し、火災が発生するようです。津波がおそっている最中に発生した火災は、家やそのがれきなどのもえているものが、津波で流されることにより広がってしまうこともあります。

　また、灯油などの可燃性のあるものが漂流することにより、火災が広がることもあります。このようにふつうは火を消すはずの水が、津波の場合は、より火災を広げて被害を大きくする危険性を持っているのです。

1993年の北海道南西沖地震のときの奥尻島。津波がおそった後に発生した火事により、けむりがでている地域の家がほぼ焼失してしまった。
写真提供：阿部勝征

2011年東日本大震災、岩手県山田町役場屋上から見た火災の状況。3月11日に大規模な市街地火災が発生したが、津波やがれきにより接近できなかったため、消火活動は困難となり、14日にようやく火は消えた。
写真提供：岩手県山田町

太平洋に流されたさまざまな漂流物。　写真提供：海上保安庁

◯ 漂流物による被害の拡大

洪水のときは流木が主な漂流物ですが、津波のときはこれに加え、船舶（特に漁船などの比較的小さい船）や木造住宅などが流されてしまいます。これらの漂流物は、津波で流されている人にぶつかる、船の燃料などが流れ出すことによる火災の拡大、化学薬品などの流出による生態系へのダメージなどが深刻な問題となります。また、津波におそわれてしばらくたったあとでも、漂流物はただよい続けるので、海からの救援・消火活動が困難になるなど、被害が拡大することにもなります。

◯ 低い津波も要注意！

津波の威力は、低くても油断ができません。水の高さがひざまでしかなくても、流れが速いため、立っていられませんし、一度ころんでしまったら、そのまま波にさらわれておぼれ死んでしまいます。また、流れてくるがれきにぶつかって大けがを負うことだってあります。波の高さが高くても低くても、いったん、津波にのみこまれたら、助かる人は少ないのです。

約50センチメートルの津波により破壊された船（2004年マグニチュード7.4の東海道沖の地震、三重県）。
写真提供：気象庁

津波の中では泳げない

泳ぎのじょうずな人は、津波の中を泳いでにげることができるのでしょうか？

津波によって亡くなった人の死因を調べてみると、溺死より外傷性のショック死や脳挫傷などが多くなっています。津波はものすごいスピードなので、この速い流れに流されて、流される途中で建物の残骸などにぶつかったり、津波そのものとぶつかって、その衝撃で、泳ぐ以前に気を失う、もしくは致命的なけがを負うことが多いようです。

また、津波の引き波により、海に流されて、沖合まで流されてしまうこともあり、遺体が見つからない場合が多いです。沖合に流された場合は、ういているものにつかまったりするなどして、助かる場合もあるかもしれませんが、地震や津波の混乱で救援もおそくなります。命を守るためには、津波に遭遇しないように、早期に避難することが大切です。

地震　火山　土砂　**津波**　水害　台風　積乱雲　豪雪　自然のめぐみ　避難

45

どうして？津波が起こるの？

地震が発生すると、テレビやラジオで、「この地震による津波の危険性は…」とつけ加えられます。このように、津波は地震によって引き起こされますが、それは、どうしてでしょうか？　また、地震以外で津波が起きる場合はないのでしょうか？

● 津波の発生のメカニズム

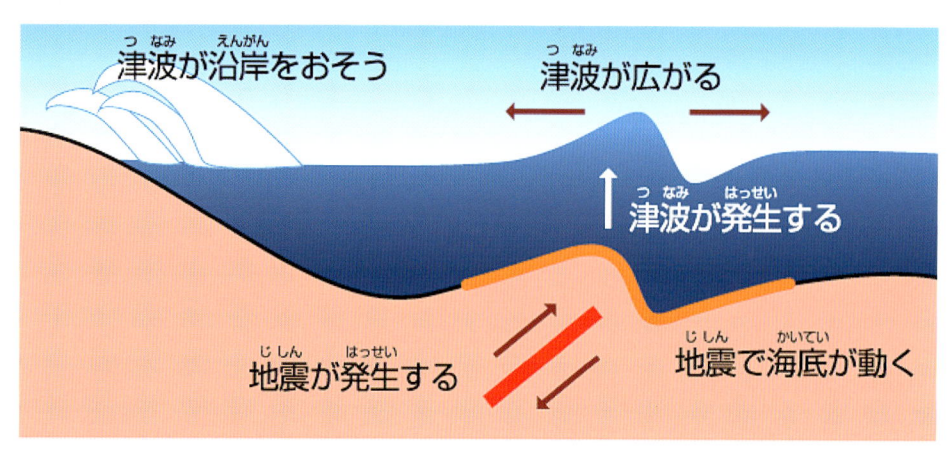

図提供：気象庁

大きな地震が海底の下で発生したときに、海底が隆起、もしくはしずみます。この上下に動いた海底面の上の海水全体が持ち上げられたり、引き下げられたりすることで津波が発生します。そして上下に変動した海水は重力の作用により、元にもどろうとして、津波は周囲に広がっていきます。周囲に広がった津波は、陸に近づくにしたがって高くなります。これは、水深が浅い場所では津波の速度がおそくなるため、後ろから来た津波がどんどん追いついてきて、次第に高くなってくるためです。

● 津波の速さはジェット機と同じ

津波が伝わる速さは、水深に比例します。つまり、水深が深い場所では速く、浅い場所ではおそくなります。水深5000メートルと深い場所では時速800キロメートルとなり、ほぼジェット機と同じ速さになります。日本の反対側のチリで大きな地震が発生した場合でも、津波はわずか22時間程度で日本まで伝わりました。

津波の速さは水深に比例するため、深い場所では速く、浅い場所ではおそいスピードで伝わる。

図提供：気象庁

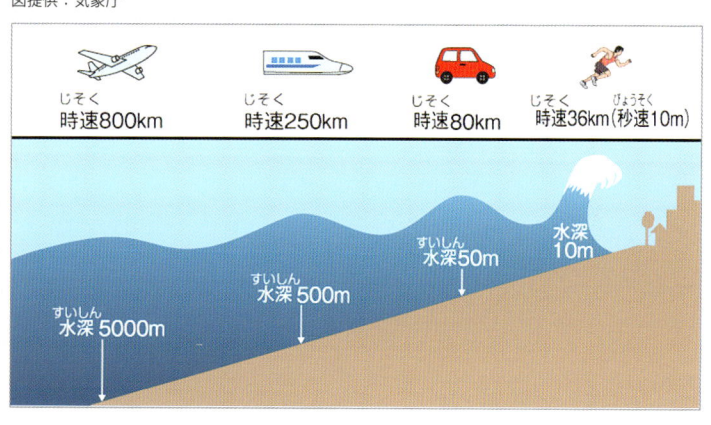

ぎゃくに水深が浅い場所だとおそく伝わるため、浅い場所になるにつれ、後ろからの津波が追いつき、海岸付近では急激に津波の高さが高くなります。水深が浅い場所でも、陸上選手なみの速さで津波はおしよせてきます。そのため、津波が見えてからの避難はまず間に合いませんので、早めの避難を心がけるようにしましょう。

🔴 地震以外の津波

ほとんどの津波は海底下で発生する地震によって発生しますが、まれに、以下の地震以外の要因で津波が発生します。

◆ 土砂流入（岩盤崩落）

地震や火山などが原因で、山の土砂やくずれた岩盤が、海や湖に流れ入ることで津波が発生します。アメリカのアラスカのリツヤ湾では、たびたび土砂が原因で大きな津波が発生しています。1958年には地震にともなって、岩かべがくずれて湾内に落ちたとき、525メートルの高さまで津波が到達しました（記録上最大の津波）。1792年には、長崎県島原半島にある雲仙岳の噴火にともない発生した地震により、眉山がくずれて大量の土砂が有明海に流れこみました。雲仙周辺でも大きな津波が発生したのですが、対岸の熊本市（当時、肥後）にも大きな津波がおしよせ、大きな被害が生じました（「島原大変肥後迷惑」とよばれる災害）。

津波石とよばれる、1771年八重山地震による津波で打ち上げられたとされる巨大な石。
写真提供：山村武彦（防災システム研究所）

◆ 海底地すべり

地震や海底火山噴火によるゆれが原因で、海底に積もっている土砂がより深い場所などに流れ落ちることでも、津波は発生します。1771年に八重山・宮古列島付近で発生した八重山地震（マグニチュード7.4）や、1998年にパプアニューギニアで発生した地震（マグニチュード7.1）では、津波が大きくなった原因として、海底地すべりが発生したと考えられています。

◆ 海底火山噴火

海底火山の噴火で、火山自体の膨脹やカルデラ形成、また噴出物により津波が発生します。1883年にインドネシアのクラカタウ火山が噴火し、広い範囲で沈没し、海底に大きなカルデラができました。この沈没による海底面の変化により、大きな津波が発生し、3万5000人が犠牲となりました。

気象庁の現在の津波予報では、地震波で規模や位置、深さを求めて、それにより津波の規模を推定します。地震以外で津波が発生した場合は、地震波から得られた結果から予想される津波より大きくなりますので、正確な予測はむずかしいのが現状です。

K/Tインパクト

今から6500万年前の白亜紀（Kreide）と第三紀（Tertiary）のさかい目に、メキシコのユカタン半島付近に直径約10キロメートルの隕石が衝突し、直径約180キロメートルのクレーターができたことが推測されています。これらの時代の頭文字を取って、「K/Tインパクト」とよばれているこの巨大隕石衝突で、恐竜をはじめとする当時の生物は大量絶滅したと考えられています。また、この隕石の衝突により、高さ300メートルの巨大津波が北アメリカ大陸をおそったとのシュミレーション結果も出ています。

そなえよう！ 津波被害

津波の破壊力はすさまじいものがあります。東日本大震災でも安全と思われた建物や堤防がこわれてしまいました。津波の被害が予想されるところでは、日ごろから、家の建て方を考えたり、避難の方法を考えたり、常に「安全ににげる」そなえをしていなければいけません。

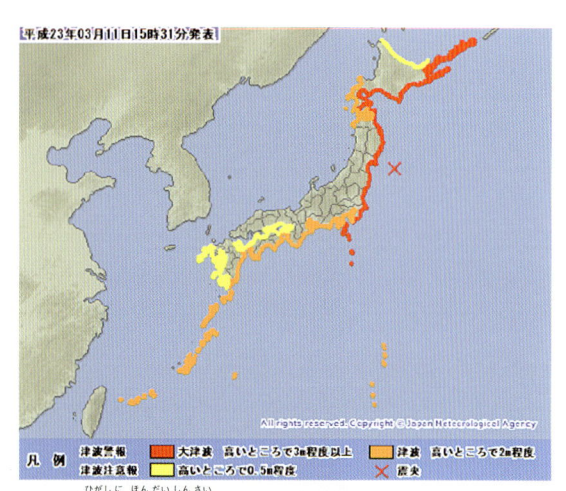

2011年東日本大震災のときの津波警報および、津波注意報の発表状況（2011年3月11日15:30現在）。　図提供：気象庁

津波は引き波から始まる？

津波は引き波から始まる、とかんちがいしている人が多いようですが、2011年の東日本大震災のときも、岩手県では引き波から始まっていますが、関東地方などでは、おし波から始まっています。また、2003年の十勝沖地震では、まず約2.5メートルのおし波がおそいました。波が引いていないから津波は来ない、とは限らないのです。ただし地震後、引き波で海底が見えるようであれば、その後必ず大きな津波が来ますので、すぐににげてください。

◯ 津波警報・注意報

地震が発生したら、気象庁は地震波形を用いて、地震が発生した位置、深さおよびその規模（マグニチュード）を推定します。それらの計算結果を用いて、津波の予測を行います。津波の予測計算には時間がかかるため、事前に数十万とおり以上の地震を想定して計算した結果を用意しており、一番近い結果を選び出して、大津波警報、津波警報もしくは津波注意報を発表します。

地震計は主に陸上にあるため、海底で発生した地震から地震波がとどくのに少し時間がかかります。そのため、気象庁が津波警報を発表する前に、津波がすぐにおそってくることもあります。海岸付近にいるとき、地震のゆれを感じた場合は、津波警報が出るのを待つのではなく、すぐに避難しないといけません。

また、ぎゃくに地震のゆれを感じてなくても、津波警報が発表されることがあります。地震によるゆれが小さいにもかかわらず、大きな津波を引き起こす「津波地震」とよばれる地震があるからです。1896年に発生した明治三陸地震津波では、震度2～3と小さいゆれだったのですが、約30分後には30メートル以上の巨大な津波がおそってきました。この思いがけない津波により、約2万2000名の死者が出てしまいました。海岸付近で津波警報を聞いた場合は、すぐに避難するようにしましょう。

◯ 津波はすぐやってくる

1993年7月12日22時17分に発生した北海道南西沖地震（マグニチュード7.8）の地震では、30メートル以上の津波がおそい、死者・行方不明者230名と多くの犠牲が出ました。この地震が発生した4～5分後には奥尻島に高さ10メートルをこえる第一波の津波がおそいました。このとき気象庁は地震発生5分後に津波警報を発表しましたが、間に合

いませんでした。気象庁はこの苦い経験により、現在は地震発生3分後までに津波警報を発表することを目標としており、条件がよい場合には2分以内に発表することも可能となっています。

津波避難
浸水する場所

津波避難場所
高台の避難場所

津波避難ビル
避難できるビル

津波の標識。津波のおそれがある地域では、図のような津波に関する標識がある。海の近くに行ったときはさがしてみて、いざというときの避難経路を事前に確認しておくことが大切だ。

図提供：気象庁

● 警報などを発表する基準

津波警報などを発表する基準は、以下のとおりとなっています。

大津波警報：3メートルをこえる津波が予想されるとき
津 波 警 報：1メートルをこえる津波が予想されるとき
津波注意報：20センチメートルから1メートルの津波が予想されるとき

大津波警報・津波警報は、陸に津波がおしよせて、浸水するおそれがあるときに発表します。沿岸、川ぞいにいる人は安全な高い場所ににげてください。

津波注意報は、海の中にいる人などに被害の心配があるときに発表します。陸の上の人は避難する必要はありませんが、海水浴や磯づりをしている人は、海からはなれるようにしてください。

また、海岸ぞいに住んでいる人は、日ごろから地元自治体が発表している津波ハザードマップで、安全な場所を確認しておくようにしましょう。

海岸ぞいに住んでいなくても、海水浴などで海に遊びに行ったときは、津波避難に関する標識をさがしてみたり、じょうぶな高いビルをさがすなど、いざというときの避難経路を確認しておくようにしましょう。

津波ハザードマップの例
（北海道函館市）。

図提供：函館市

49

たいへん！水害（洪水）が起こった！

何日も強い雨がふり続いています。山の方でふった雨や平地でふった雨が、次々に川に流れこみ、どんどん川の水かさがましています。このままでは、堤防をこえるか、もっと悪いことには、堤防をこわして、水がこちらへおそいかかってくるでしょう。このような現象を氾濫といいます。水は低いところを目指します。そうなる前に急いで安全なところへにげなければいけません。

長雨だけでなく、突然の大雨でも、水害は起こります。水害は、いつでもどこでも起きる災害で、水害が起きるとわたしたちの生活にさまざまな影響をおよぼすのです。

水害によるさまざまな被害

家、橋、車が流される

堤防がこわれて川が氾濫すると、氾濫直後には、その流れの速さは毎秒4メートル以上になることもあり、また、その水位が高くなると、木造の家屋や車をおし流したりするほどのいきおいがあります。

ふだん使っている道路が水の通り道となって、避難することが困難になることもあります。

2000年、東海豪雨。流された車が道路をふさいだ。
写真提供：国土地理院

2004年、新潟・福島豪雨。堤防がこわれた刈谷田川の状況（新潟県中之島町）。
写真提供：国土交通省水管理・国土保全局

● 家の中も水びたし

　住宅や工場などが川から氾濫した水で水びたしになると、タンスなどの家具、テレビ・冷蔵庫などの電気製品、パソコンなどの電子機器などに大きな被害が出ます。また、最近では、かべの断熱材などが水にぬれて膨張したり、自動車の電子制御機器がこわれて、使用不可能な状況にもなります。

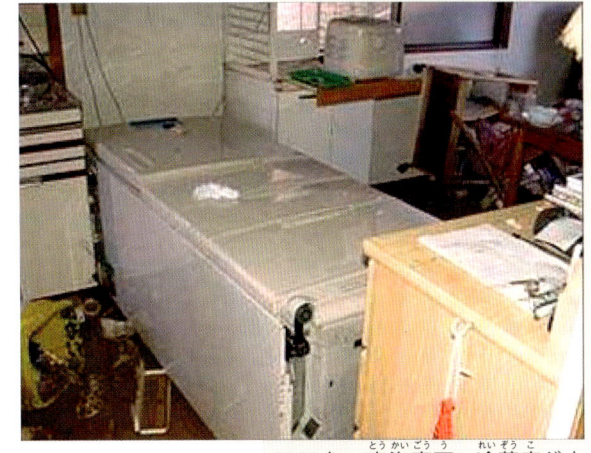

2000年、東海豪雨。冷蔵庫が水につかった。
写真提供：国土交通省水管理・国土保全局

● 家に取り残される

　雨がたくさんふってきたり、川の水位が高くなってくると、気象庁や国土交通省から洪水警報が出され、市町村からは避難勧告や避難指示などが発令されます。避難場所に避難しおくれたり、ビルの高い階に避難した場合には、周辺が浸水し、取り残されることがあります。

● 停電が発生する

　台風の強風などで、電線が切れて停電が起きることがあります。川から氾濫した水が電柱をたおしたり、電力会社の変電・配電設備が浸水し、停電を発生させることがあります。特に、最近ではビルの地下に設置されている電源盤や配電盤が浸水することにより、ビルそのものが停電し、生活に大きな支障をあたえることがあります。また、電気で動く地下鉄は、浸水すると運行できなくなります。

● 水洗トイレが使えない

　最近は、ほとんどのトイレが水洗化されており、しかも電気で動くしくみになっています。水害のときには、下水道施設が使えなくなると、トイレの水を流すことができなくなります。停電が起きると、タンクに水を貯めることができなくなり、大変な不便が生じます。

水害のときに自宅から出られなくなった場合、考えられる生活環境の悪化。

資料提供：内閣府防災担当

地震　火山　土砂　津波　水害　台風　積乱雲　豪雪　自然のめぐみ　避難

2009年7月、梅雨前線豪雨。山口市の朝田浄水場が浸水した。

写真提供：山口県山口市

🔴 水道が使えない

　水道を供給している浄水場が水没すると、機械がこわれたり、土や砂が貯まって、その復旧のために何週間にもわたり断水になります。また、停電などが起きると、ビルの屋上などに設置されている貯水タンクに水をすい上げることができなくなり、水道水の供給が止まります。人の命や生活に欠かせない水の確保に、大変な苦労をしなければなりません。

🔴 ガスが使えない

　まちの中の地下をはりめぐらしている都市ガスの管路が水没することにより、ガスの供給が停止し、ガスレンジなどが使えなくなります。また、プロパンガスなどは川から氾濫した水などによって流されると、調理や入浴などができなくなります。

🔴 携帯電話が使えない

　最近では生活の必需品となっている携帯電話は、電話中継局や基地局などが水没することにより、電波の送信が止まり、通信ができなくなることがあります。基地局などは水に弱い電子機器が多く使われているため、一度水につかってしまうと、その復旧には多くの時間がかかってしまいます。

🔴 食料がとだえる

　電気が止まると冷蔵庫に保存してある食物がくさったり、ガス・水道などが使えないと調理をすることもできなくなります。何日も氾濫した水が引かない地域では、食料が不足したり、水の確保が困難になります。

🔴 氾濫した水が引いた後は、大量のゴミ、悪臭、感染症が出る

　氾濫した水が引いた後は、日常生活品や電気製品、住宅の断熱材など使用不可能になったものが、ゴミとして大量に出てきます。また、水没後の悪臭や、場合によっては衛生状態が不良となり、感染症にも気をつけなければなりません。

2006年7月の豪雨災害により、大量のゴミが発生した。
写真提供：国土交通省水管理・国土保全局

2000年、東海豪雨。浸水により断熱材が水を吸収し使用できなくなった。
写真提供：国土交通省水管理・国土保全局

○ 大規模水害・都市水害・地方都市水害

○ まちじゅうが水びたしに！

堤防がこわれて川の水があふれだすと、まちの中の広い範囲で浸水します。そして、たくさんの住宅や建物が水びたしになり、道路や鉄道なども水没し、わたしたちの生活に大きな影響をおよぼします。

2012年7月、九州北部豪雨。福岡県柳川市、みやま市を中心に、床上・床下合わせて1808戸の浸水被害が発生した。
写真提供：国土交通省九州地方整備局

2000年、東海豪雨。愛知県西枇杷島町（現清須市）の浸水のようす。
写真提供：国土交通省水管理・国土保全局

地震　火山　土砂　津波　水害　台風　積乱雲　豪雪　自然のめぐみ　避難

53

利根川の堤防をこわした、カスリーン台風

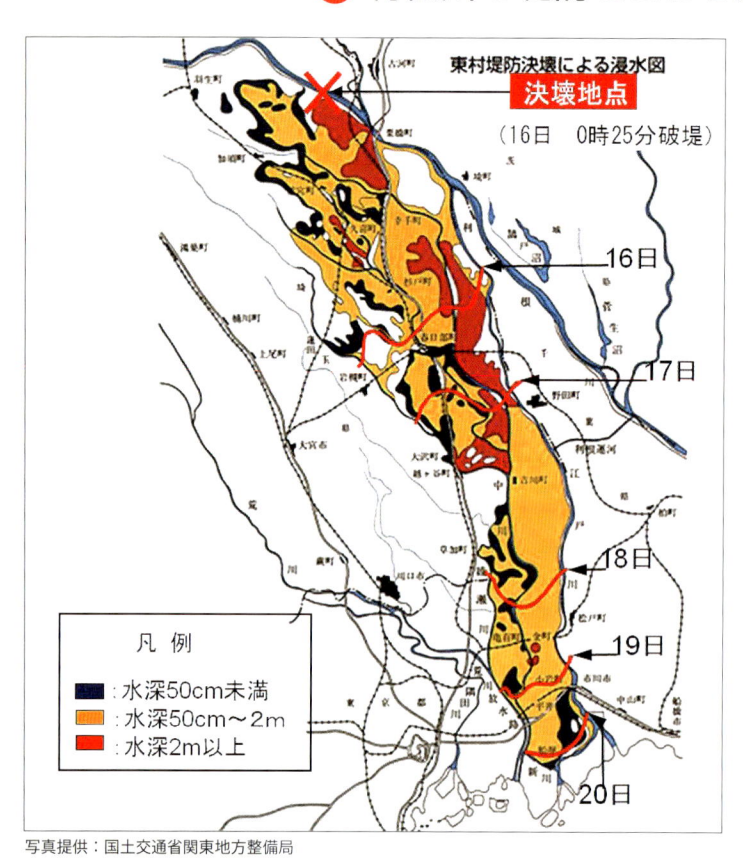

東村堤防決壊による浸水図
決壊地点
(16日 0時25分破堤)

凡例
■ 水深50cm未満
■ 水深50cm〜2m
■ 水深2m以上

写真提供：国土交通省関東地方整備局

1947年のカスリーン台風による洪水では、埼玉県東村（現加須市）で利根川から氾濫した洪水が、5日間をかけて埼玉県から東京都江戸川区にいたり、440平方キロメートル（山手線の内側の面積の約7倍）で浸水しました。そこには当時、約60万人の人々が住んでいたため、多くの人が長い期間にわたり避難したり、元の生活を取りもどすために大変な苦労をしました。

1947年（昭和22年）カスリーン台風での被害状況。

海外でも、たびたび水害が起こっている!!

水害は世界のどこでも起きています。2010年以降でも、ベトナム、パキスタン、中国、フランス、アメリカ、オーストラリアなどで大きな水害が起こり、2011年には、タイのチャオプラヤ川で氾濫しています。タイの首都バンコクが浸水するなど、人々の生活や経済活動に大きな影響をおよぼしました。

また、日本から進出した工場が浸水し、生産活動が数か月も止まりました。このため大事な部品の調達ができなくなり、デジタルカメラや車などの生産が止まって世界的に影響が出ました。

都会でも水害は起こる!!

多くの人々が住んでいる都会でも浸水被害が発生します。利根川や淀川のような大きな川だけでなく、まちの中を流れる小さな川でも川の水位が高くなると、その水が氾濫します。住んでいるまちの中の河川改修ができているから、水害は起きないと考えることなく、都会でも水害はあることを忘れてはいけません。

2005年9月、秋雨前線豪雨。
東京都中野区の妙正寺川。

写真提供：国土交通省水管理・国土保全局

● マンホールのふたが飛ぶ！！

最近ではまちの中の下水道の整備が進み、雨がふったときには、下水道が雨水を流してくれます。しかし、たくさんの雨水が一度に下水道に集まると、下水道では流しきれなくなったり、下水管がつまったりして、まちの中に下水道の水が逆流します。ときには下水道のマンホールのふたを、ふき飛ばすこともあります。

マンホールのふたが、水でうき上がるようす。
写真提供：国土交通省水管理・国土保全局

● 地下鉄や地下街にも水が入りこむ！！

交通施設や商店街などがたくさんできて、便利な生活を送ることができるようになったこのごろでは、地下にも、地下鉄や地下街があみの目のように、はりめぐらされています。しかし、まちの中にあふれた川の水がそこに入りこんでしまうと、水の通り道となって広い範囲で浸水が起こります。にげおくれると命を失うこともあります。また、一度浸水してしまうと、排水したり、元にもどすためには長い期間と多くの費用を必要とします。

2003年7月、福岡水害。地下鉄の入り口から水が流れこんだ。
写真提供：国土交通省水管理・国土保全局

● あっという間に川の水位が上がることもある！！

神戸市を流れる都賀川では、上流の山の方で、はげしいところでは10分間で24ミリメートル（1時間では144ミリメートルに相当）の雨がふりました。下流の川の水位が10分間で1.34メートルも急激に上昇し、川の中にいた5人がにげおくれて命を失いました。近くで雨がふっていなくても、上流の方で雨がふると、急激に川の水位が上がることをわすれてはいけません。

■ 水位の変化

午後2時40分
水位：マイナス0.33メートル

10分後

午後2時50分
水位：1.01メートル

2008年7月28日、都賀川の水位が10分間で急上昇した。
写真提供：兵庫県神戸市

どうして？水害は起きるの？

日本では、梅雨期（6〜7月）、台風期（8〜10月）に、何日も雨がふり続いたり、一度にたくさんの雨がふることがあります。そのときには、川の水位がとても高くなることがあり、川の水がまちに氾濫することになります。また、多くの人々が住んでいる平野部は、昔から洪水のたびに運ばれてきた土砂などが堆積したできた土地で、洪水のときは川の水位より低く、堤防などで守られている地域です。その地域には多くの人々が住み、生活に必要な交通施設やたくさんの工場などが建っているので、一度水害が起きると大きな被害が生じます。

◉ 雨が長くふったら……

大雨といってもさまざまです。広い範囲に何日も雨がふり続くと、川の水位はじょじょに上がります。また、川の水位が高くなると、その川に合流する小さな川の水位も高くなり、ふった雨が行き場を失い、まちの中に水がたまりやすくなります。1年間に日本でふる雨の量は、平均すると約1690ミリメートル※です。雨の比較的多い西日本の地域では、数日間で1年分に近い雨がふることもあります。たとえば2011年の台風第12号のときには、奈良県の上北山観測所で8月30日17時から9月6日までの間に1814.5ミリメートルの雨がふるなど、紀伊半島の広い範囲に記録的な雨がふりました。このため、洪水や土砂くずれが発生し、奈良県、和歌山県を中心に82人が亡くなるなど大きな被害が発生しました。

30日17時から5日06時までの総降水量（アメダス）

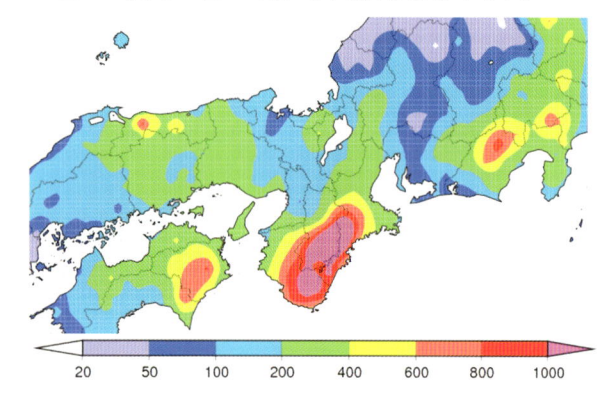

2011年、台風第12号。大型で動きがおそかったため、台風周辺に、長時間しめった空気が流れこみ、西日本から北日本にかけて、広い範囲で記録的な大雨になった。
資料提供：国土交通省水管理・国土保全局

※1976年から2005年の全国約1300地域のアメダスの平均（水資源白書）

◉ 短い時間に大量の雨が……

短時間に集中的にふる雨は、急激に川の水位をおし上げます。1時間に50ミリメートルの雨は、バケツをひっくり返したような大雨にたとえられていますが、1982年の長崎大水害では、長崎で3時間に313ミリメートルの雨がふり、川の氾濫や土砂災害により、およそ300人のとうとい命がうばわれました。最近でも、熊本県の白川流域では3時間で315ミリメートルの豪雨を記録するなど、大量の雨により水位が上昇し、堤防をこえて川が氾濫しました。

● 地盤が低いところに……

　日本は、山地・丘陵地が国土全体の約7割をしめており、国土の1割にすぎない沖積平野部で、さまざまな社会経済活動が行われています。この土地は、川が水でいっぱいになったときの高さより低いところがほとんどで、人口の約5割、人々の資産の約7割が集まっています。そのため、川が一度氾濫すると、地盤の低いところに水が流れこみ、その被害は極めて大きくなります。2000年の東海豪雨では、約8500億円の被害が生じました。

2001年、台風第15号。江戸川の洪水。
写真提供：国土交通省水管理・国土保全局

● 堤防は万能ではない……

　川の水位が上がってくると、その水のいきおいは堤防に大きな脅威をあたえます。ほとんどの堤防は、表面のコンクリートブロックの護岸をのぞいて、土や砂でできているため、川の水は堤防をこえたり、堤防をけずったりするだけでなく、堤防の中や下を通ったりして堤防を弱めていきます。その結果、堤防がこわれて、まちの中に水があふれるのです。

堤防の下を通った川の水がふき出しているようす。
写真提供：国土交通省水管理・国土保全局

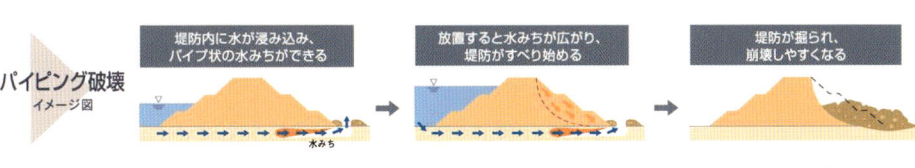

パイピング破壊イメージ図
- 堤防内に水が浸み込み、パイプ状の水みちができる
- 放置すると水みちが広がり、堤防がすべり始める
- 堤防が掘られ、崩壊しやすくなる

資料提供：国土交通省関東地方整備局

● 都市開発が水害に影響？！

　地面にふる雨は地下に浸透して、時間をかけてゆっくりと川に流れこみます。しかし、住宅建設や都市開発が行われ、地面がアスファルトやコンクリートでおおわれたり、下水道などの整備が進むなどして、川への水の集まりが早くなると川の水位が急激に上昇するなどの現象が起き、思わぬところで水害になることがあります。

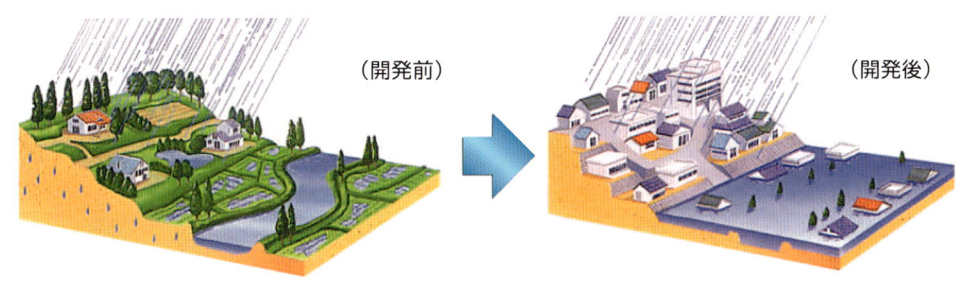

（開発前）　（開発後）
資料提供：国土交通省水管理・国土保全局

気温が下がると空気中の水の量も変化する？！

　空気中の水分は湿度となって表されていますが、この空気中の水分が飽和水蒸気量を上回ると水しずくとなり、雨になります。飽和水蒸気量は、気温が低いほど小さくなり、たとえば温度が5度低くなると飽和水蒸気量は約30パーセント少なくなります。このため、昼間にあたためられた空気が、夜中になると冷やされて大雨となることがあるのです。

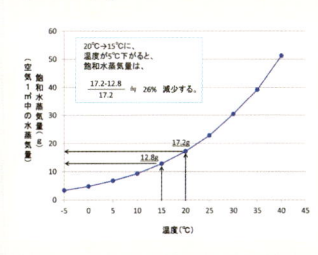

地震　火山　土砂　津波　水害　台風　積乱雲　豪雪　自然のめぐみ　避難

そなえよう！ 水害

自然現象である雨のふる量やふる地域を、人の力で制御することはできません。人々がくらす里やまちを、完全に水害から守ることもできません。しかし、わたしたちの努力で水害をへらすことはできます。そのためには、水害の現象におうじたさまざまなくふうが必要となってきます。

● 基本は4つ、「貯める」「流す」「遊ばせる」「にげる」

水害をできるだけ起こさないように、できるだけ小さくするためには、「貯める」「流す」「遊ばせる」「にげる」の考え方を組み合わせて対処することが必要です。特に、「にげる」は、だれにでもできること、みんなで助け合ってできることであり、率先して取り組むことが大切です。

「貯める」…できるだけ川に水を集めないようにするために、ふった雨を貯めること。
「流 す」…集めた水はすみやかに川を通って、海まで安全に流すこと。
「遊ばせる」…集められた水の量が川の大きさを上回る場合には、その超過する量を川のそばなどにあふれさせ、遊ばせること。
「にげる」…川の水があふれたり、危険な状態になる前に、浸水や洪水氾濫がない安全なところに避難すること。

● 昔の人たちのちえと言い伝え

◆ 森林保全
江戸時代の淀川流域において、森林伐採などにより森林が荒廃し、下流で水害が頻繁に生じるようになったことから、江戸幕府は「諸国山川掟の令」を出し、森林保全を行い水害をへらすようにしました。

◆ 中条堤
利根川上流部で、川と山の間に堤防をきずいて、川の中の水を貯め、下流に流れる水量をへらしました。

◆ 霞堤
黒部川では、堤防をとぎれとぎれにつくり、川の周辺に水を一時的に氾濫させながら、川を流れる水の量をへらしました。勾配の急な河川では、効果的な方法でした。

◆ 水害防備林
阿武隈川水系の荒川では、川から氾濫した水のいきおいを弱めたり、土砂を食い止めたりして、被害が大きくならないようにしました。

写真提供：国土交通省東北地方整備局福島河川国道事務所

◆ 輪中堤
　木曽川や長良川では、人々が住んでいる地域の周辺を囲むようにして堤防をきずき、川から氾濫した水からの被害をふせぎました。

◆ 利根川の東遷
　江戸時代には、それまで東京湾に注いでいた利根川の水を、上流部でほかの川につけかえ、東の方に流し、現在の利根川の流れにつくりかえました。これにより江戸のまちを水害から守り、新田開発に大きな効果を発揮しました。

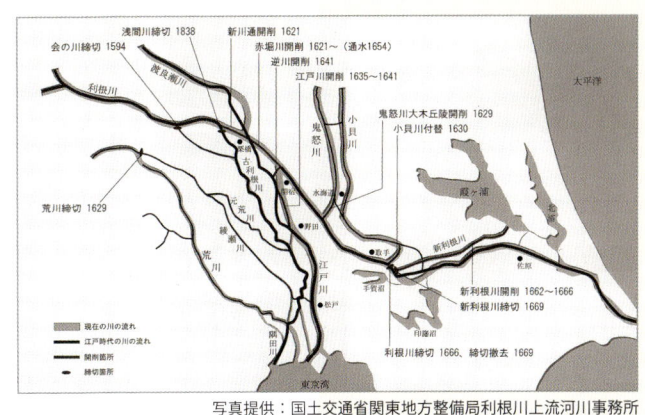

写真提供：国土交通省関東地方整備局利根川上流河川事務所

今、行われている水害対策

　明治時代以降、科学技術の進歩や発展により、水害から守るさまざまな対策が行われてきました。施設整備などのハード対策、避難や情報伝達などのソフト対策が行われています。

ハード対策の例

貯める…徳山ダム、荒川調節地

徳山ダム
資料提供：水資源機構

流す…阿武隈川河川改修、首都圏外郭放水路（地下放水路）、毛馬ポンプ場

1998年8月、阿武隈川が氾濫したが、その後、河川改修が行われ堤防が完成した。
資料提供：国土交通省東北地方整備局福島河川国道事務所

外郭放水路のトンネル（左）と、水のいきおいを調整する調圧水槽（右）。
資料提供：国土交通省水管理・国土保全局

遊ぶ…一関遊水地、肱川水防災事業

ソフト対策の例

にげる　ハザードマップの作成（浸水の深さや避難先などを知る）、河川情報システムの整備（雨量、水位などの情報をリアルタイムで知ることができ、避難行動や避難支援に活用）、避難計画の作成（いつ、だれが、どこからどこへ、どうやってを事前に決めておくことで、すみやかに避難ができる）、防災教育の推進（水害の脅威を知ることで、自助・共助の活動が促進）、備蓄の確保（自治体の取り組み、個人の取り組み）などがあります。

いつやってくるかわからない災害にそなえ、万が一被害にあったときすぐに立ち直る力をひとりひとりが身につけるために、全国の地域や学校で防災教育を推進する「防災教育チャレンジプラン」が行われている。
資料提供：内閣府防災担当

たいへん！台風がやってきた！

窓をたたく雨音がはげしくなってきました。風もびゅーびゅーとうなっています。海岸では海がもりあがって、今にも堤防をこえそうです。台風がやってきたのです。台風は毎年、夏から秋にかけて日本にやってくるため、大変とは思わないかもしれませんが、実は地震と津波に次いで犠牲者の多い自然災害です。1959年に東海地方に上陸した伊勢湾台風では、約5000人が亡くなりました。昭和以降に発生した災害の中で、東日本大震災、阪神淡路大震災に次いで3番目に多く犠牲者を出したのがこの台風です。

台風の渦巻きの下ではこんな災害が……

■ 電柱や木々がたおれる
写真提供：名古屋地方気象台

■ 強い風でかわらや石や看板が飛んでくる
写真提供：宮古地方気象台

■ 高潮で町中が海になってしまう 
写真提供：愛知県名古屋市

■ 高波で堤防がこわれる 
写真提供：気象庁

● 台風ってなに？

あたたかい海のしめった空気で育った積乱雲の集まってできた渦は、熱帯低気圧とよばれます。大きさは100～1000キロくらいです。その中の最大風速が、毎秒約17メートル以上の渦が台風です。発達した台風を気象衛星で見ると、渦巻きの中心にまるい「目」があります。

写真提供：National Oceanic and Atmospheric Administration（NOAA）

■ 川ぞいで大洪水が起こる

■ 山地では土砂災害が発生する

■ 台風からはなれたところでは、竜巻も発生する

写真提供：愛知県豊橋市

台風の渦はどちら巻き？

台風や低気圧の渦は、地球の自転のため、北半球では必ず左巻です。南半球では右巻きになります。竜巻は、大部分は左巻きですが、右巻きのこともあります。

地震　火山　土砂　津波　水害　**台風**　積乱雲　豪雪　自然のめぐみ　避難

○ 台風が海面をおし上げる！　〜高潮〜

高潮とは、台風の強い風と低い気圧のために、遠浅の海岸などで海面が上昇することです。日本では、標高4メートルまで海面が高くなったことがあります。東南アジアでは、8メートルをこえることもあります。

○ 何千人もの命をうばう高潮

1959年9月、東海地方をおそった伊勢湾台風では、台風の強い風によって海水がふきよせられて海面が高くなり、さらに気圧が低くなって海面がすいあげられたため、標高4メートルに達する高潮が発生しました。犠牲となった5000人の多くは高潮で亡くなっています。

1959年9月に伊勢湾台風が上陸したとき、半田市では、防潮堤があるのでだいじょうぶと思いこみ、避難しなかった人が多かった。しかし高潮のため防潮堤はこわれ、海水が流れこみ、たくさんの犠牲者が出た。

写真提供：名古屋地方気象台

○ 高波や高潮が堤防を破壊する

高波や高潮には、堤防をこわす力があります。こわれた堤防から、海の水が流れこんできます。

2004年10月の台風第23号では、高さ10メートルの堤防がこわれ、犠牲者が出た（写真は、台風第18号の高波によりこわれた防潮堤）。

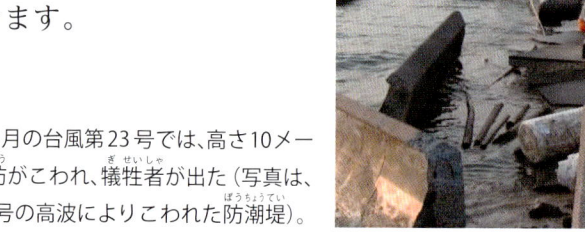

写真提供：気象庁

海外でも大被害

2005年にアメリカに上陸したハリケーンカトリーナでも、高潮のために1000人をこえる犠牲者が出ています。

🔴 台風が来てからでは、高潮からにげられない

伊勢湾台風による高潮と、港の貯木場から漂流してきた流木のため、名古屋市南区の白水住宅一帯では多くの犠牲者が出た。
写真提供：愛知県名古屋市

　高潮になると海水が、海岸や河口から堤防をこえたり、こわしたりして、陸に上がってきます。都市部が広く海水でおおわれることもあります。
　高潮が発生するときは、毎秒25メートルをこえる暴風がふくため、電車や高速道路のほとんどが通行止めになります。一般道路でも、停電で信号機が使えず、交通機関がマヒすることもあります。

高潮のメカニズム

　風速が2倍になると、高潮の高さは4倍になります。毎秒25メートルをこえる風がふくときに高潮災害が多く発生しており、特に警戒が必要です。
　台風の中心付近で気圧が1ヘクトパスカル低くなると、海面が約1センチメートル高くなります。
　満潮時間の前後3時間は特に警戒が必要です。

🔴 あっという間に、家が水につかった！

　1999年の台風第18号のとき、熊本県不知火町では高潮が防潮堤をこえると、水はあっという間に、町に流れこみました。この高潮で12人が亡くなりました。

1999年9月24日、熊本県不知火町をおそった台風第18号の高潮。　写真提供：熊本県

🔴 高潮でコンテナが流される！

　港につまれたコンテナが、高潮と強い風で海に漂流し、建物や施設にぶつかって破壊するおそれがあるといわれています。

2009年の台風第18号による高潮と強い風で、愛知県豊橋市の岸壁においてあったコンテナがたおれて流された。
写真提供：名古屋地方気象台

● 台風が建物をこわし、樹木をたおす！　〜暴風〜

非常に強い台風になると、風速は時速200キロをこえることもあります。建物などがこわれるだけでなく、その破片が時速200キロのスピードで飛んできて、人にけがをさせ、時には命をうばってしまう凶器になります。

秒速と時速

台風の風の速さは、ふつう「毎秒50メートル」などと、空気が1秒間に進む距離「秒速」であらわします。ただふだんの生活では、「車の制限速度は時速100キロメートル」のように、1時間に進む距離「時速」のほうが多く使われます。2003年の台風第14号で宮古島でふいた暴風の毎秒74.1メートルは、時速に直すと267キロメートルになります。

温低化と強い風

熱帯の地域からはなれた北海道や東北地方では、台風のエネルギー源となるあたたかい海がなくなります。しかし、気温の低い気団が台風のあたたかい気団とぶつかり合い、それが新たなエネルギー源になり、「温帯低気圧」になる台風もあります。この変化を「台風の温低化」といいます。温帯低気圧になると勢力が強まり、強い風のふく範囲が広がることがあるため、警戒が必要です。2004年の台風第18号は北海道付近で温低化した後、発達し、広い範囲に被害をもたらしました。

● 暴風は、電柱や木々をなぎたおす

電柱や樹木が道にたおれると、車や人が下じきになることがあります。切れた電線にふれて、感電することもあります。停電になるとテレビやインターネットが使えず、台風情報も見ることができなくなります。

2003年の台風第14号は、台風によくおそわれる宮古島でも、これまでにほとんどふいたことのない記録的な風のため大きな被害となり、1人が亡くなった。北海道では、ふだん台風が少ないために勢力の強い台風が接近すると被害が拡大する。2004年の台風第18号では、たおれた木の下じきになるなどして、9人が亡くなったり行方不明になった（左下コラム参照）。　写真提供：宮古島地方気象台

● 看板やかわらが飛んでくる

非常に強い風がふくと、看板やかわらが飛ばされ、建物などの設備をこわしたり、飛んできたもので、おおけがをしたりすることがあります。屋根のアンテナなどの補修中に、転落する事故もよく発生します。

2003年9月に宮古島をおそった台風第14号は、最大の瞬間風速が毎秒74.1メートルのもうれつな風を記録して、多くの建物を破壊した。
写真提供：宮古島地方気象台

● 森林一帯の樹木が……

　たおれた木は、材木として使えないだけでなく、川に流されていき、下流の施設をこわします。また、木がなくなった山の斜面では、土砂災害が起きやすくなります。

1991年9月の台風第19号のもうれつな風で、大分県の西部では、林業のため古くから育てられてきた杉の美林が、大きな被害を受けた。　写真提供：大分県

● 歴史的建造物にも被害が……

　毎年平均で約3つの台風が日本のどこかに上陸します。でも、台風の中心付近が毎回同じような地域を通過して、もうれつな風がふくことはあまりありません。高潮が重なることはさらにまれです。数百年にわたって風雨にたえてきた歴史的建造物の厳島神社も、2004年に台風第18号の中心付近が通過して、高潮ともうれつな風が重なったため、大きな被害を受けました。

2004年9月の台風第18号のため、広島県の厳島神社では、回廊や能舞台がこわれ、燈篭がたおれた。全国的に大きな被害をもたらした1991年の台風第19号上陸時を上回る被害となった。　写真提供：広島県

● 農作物にも被害が……

　多くの台風が、夏から秋にかけて日本に上陸します。秋になって実った稲や果樹が強い風にたおされたり、水田や畑が大雨のために水びたしになったりして、たんせいこめて育てた農作物が収穫できなくなることがあります。

1991年9月の台風第19号のため、日本全国でもうれつな風がふき、農作物に大きな被害が出た。
写真提供：青森県弘前市

りんご台風

　1991年の台風第19号では、東北地方の収穫前のりんごのほとんどが落ちました。近年にない大きな被害だったため、この台風は「りんご台風」ともよばれています。

　わずかに残った「落ちない」りんごは、受験生のお守りとして人気をよびました。

地震　火山　土砂　津波　水害　台風　積乱雲　豪雪　自然のめぐみ　避難

● 台風の雨は、数百キロの範囲に大量にふる　～大雨～

台風の雨の特徴は、低気圧や前線よりも広い範囲にもうれつな雨がふることです。台風が大雨の原因となるあたたかくしめった空気を、台風の中心に向かう強い風によって周囲から持ちこんでくるからです。大きな川の洪水の多くが、台風の大雨で起きています。

● 大量の雨のため、いたるところで洪水が……

台風は、広い範囲に大量の大雨をふらせます。このため、せまい範囲の大雨でも急に水かさがふえる都市部などの小さな川だけでなく、大きな川でも洪水が起きやすくなります。2004年の台風第23号では、20以上の都道府県で、5万棟をこえる浸水被害が発生しただけでなく、京都府の由良川や兵庫県の円山川などの大きな川も氾濫しました。

2004年の台風第23号により、兵庫県豊岡市を流れる円山川の堤防（写真の左下付近）がこわれ、大規模な洪水となった。この台風で、四国、兵庫、京都などで98人が亡くなった。
写真提供：牧原康隆

● 山地では、これまでなかったような土砂災害が……

2011年の台風第12号は、たった3日間で、東京の1年間の雨量1529ミリメートルをこえる大雨を、紀伊半島でふらせました。この大量の雨のため、122年ぶりの大規模な土砂災害が発生しました。

2011年の台風第12号により、奈良県南部や和歌山県では、大規模な土砂災害が発生した。この台風で、紀伊半島を中心に、98人の死者・行方不明者が出た（2012年消防庁）。写真提供：牛山素行

● 中心付近と強い風がぶつかる山地で雨が多い！

雨の強さや広がりは、台風ごとにちがいますが、台風の中心付近と台風の強い風がぶつかる山地で、雨雲が発達して雨が多くなります。台風の中心が通ると、ふだん雨の少ない平地でも、もうれつな雨になります。

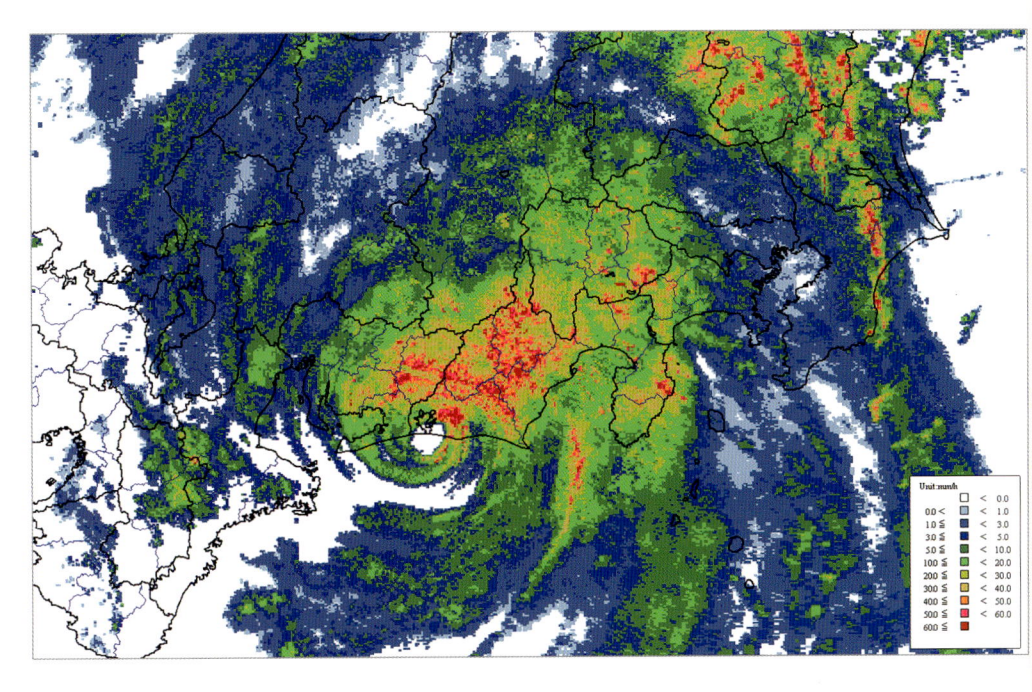

2012年の台風第15号が静岡県浜松市に上陸したときの、気象レーダーで見た雨の広がり。赤い色ほど雨が強い。強い風がぶつかる静岡県の山地と、台風の中心に近い浜松市付近で、強い雨がふっている。台風の目の部分では雨がふっていない。

写真提供：気象庁

雨台風・風台風

風が強くなくても、動きがおそく、大雨をふらせる台風があります。このような台風を雨台風とよぶことがあります。一方、速度が速くて大雨の時間が短くても、非常に強い風がふく台風があります。これを風台風とよぶことがあります。雨台風、風台風といっても、ふだんにくらべれば、雨も風も非常に強くなるので、雨風ともに警戒が必要です。

● いったん雨が弱くなっても、ふたたび強くなる

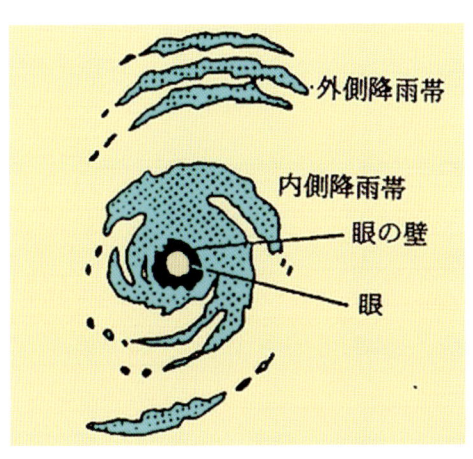

台風を取りまく雨雲は、内側降雨帯、外側降雨帯などにわけられます。それぞれにすき間があるため、いったん雨が弱くなっても、ふたたび強くなることがあります。

図提供：気象庁

● 風が弱い台風のたまごでも、大雨に

最大風速が毎秒約17メートルより弱い台風のたまごは、熱帯低気圧とよばれています。熱帯低気圧でも、大規模な洪水をもたらすことがあるため、大雨へのそなえは欠かせません。

1999年8月に熱帯低気圧が関東地方をおそい、大雨をふらせた。荒川の流域にふった雨量は戦後2番目の規模となり、荒川の水位は、災害の発生するおそれのある「氾濫危険水位」をこえた。神奈川県では、河原にキャンプに来ていた人々が流され13人が亡くなった。

写真提供：荒川上流河川事務所

どうして？ 台風ができるの？ 強い風がふくの？

台風は、海水温度が27度以上の熱帯の海の上で発生し、発達しながら北に進み、日本にやってきます。台風の栄養源は、あたたかい熱帯のしめった空気です。

❶ 衰弱期

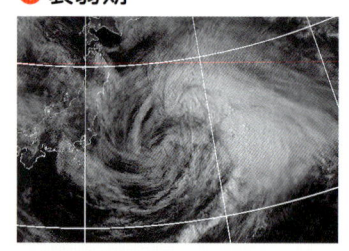

❷ 最盛期

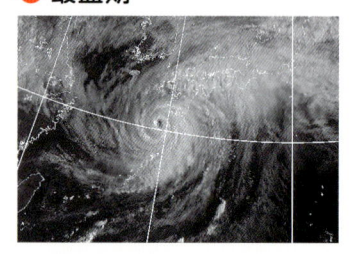

❸ 発生期

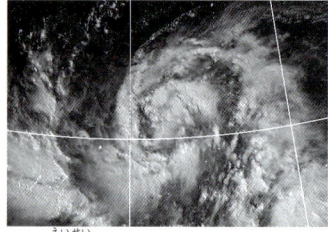

気象衛星から見た台風の一生。

台風は南の熱帯からやってくる。寿命は平均5日

北緯10度付近の熱帯のあたたかい海の上で発生した台風は、日本の南東の海上に中心を持つ太平洋高気圧の周りを時計回りに進みます。初夏から夏にかけて台風の多くは本州には近づかず、南の海上を西から北西に進みます。秋になって、太平洋高気圧の勢力がやや東に後退するようになると、台風は、日本付近まで北上することが多くなります。

高気圧のふちを北上、接近・上陸

太平洋高気圧

対流活動活発

資料提供：気象庁

台風の勢力が維持されるメカニズム

① 台風の目の周囲にある、巨大な積乱雲からふる雨から大量の熱が出て、それが上昇流をつくります。そのため気圧が低くなります。
② 気圧が低い中心に向かって、あたたかくしめった空気が集まります。このときに、コリオリ効果とよばれる地球の自転の影響で、渦を巻きます。
③ 中心付近に集まったしめった空気は、新たな積乱雲をつくり、大雨をふらせます。

これらをくり返すことで、台風の勢力が維持されます。

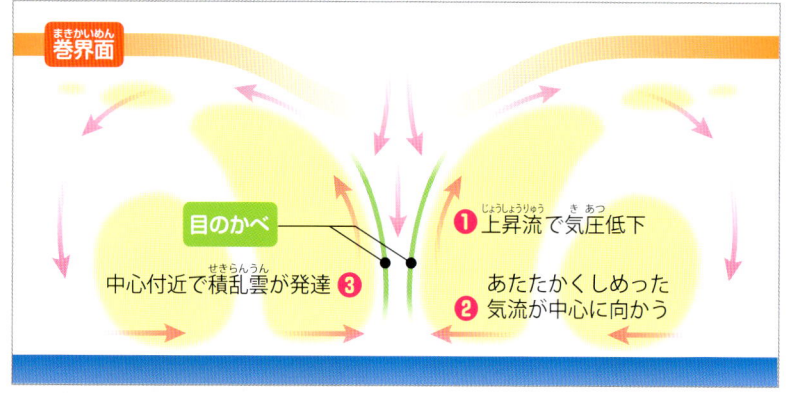

巻界面

目のかべ

中心付近で積乱雲が発達 ❸

❶ 上昇流で気圧低下

あたたかくしめった
❷ 気流が中心に向かう

資料提供：Robert Simmon, NASA GSFC をもとに編集

● 台風の風は、こんなところに特に注意を！

① 中心に近いところで、特に強い風がふきます。中心気圧の低い台風ほど、風が強まります。

② 風の強い範囲が広い台風の場合、中心が来るずっと前から風が強くなります。

③ 風の強さは、渦巻きの速度と台風の進行速度を足し合わせたものなので、反時計回りに渦を巻いている台風は、進行方向の右側で風がより強くなります。

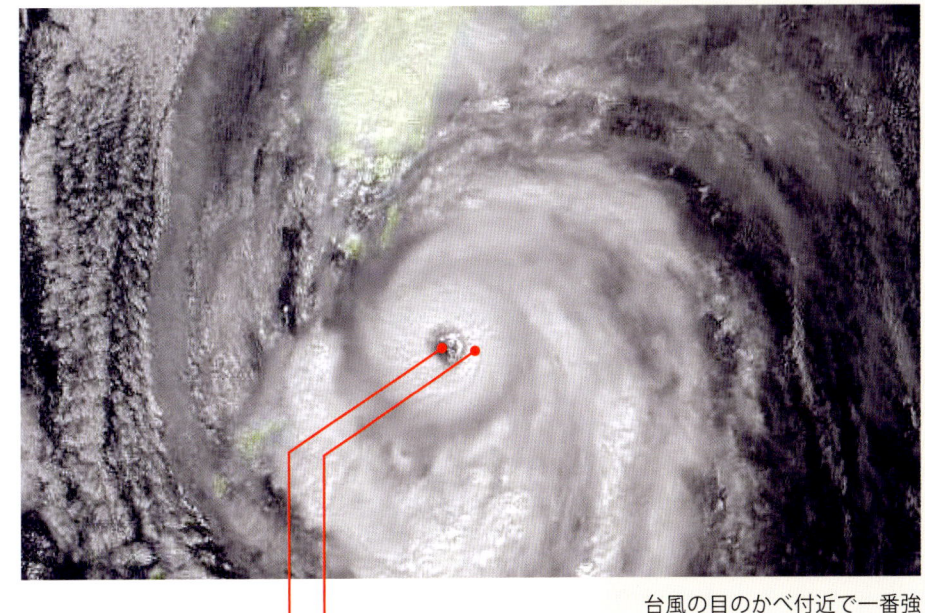

台風の目のかべ付近で一番強い風がふく。台風の東側（進行方向の右側）の方が風が強い。

写真・図提供：国立情報学研究所「デジタル台風」

④ 速度の速い「韋駄天台風」は、風が特に強くなります。さらに、突然風が強くなるため準備が間に合わずに、風の被害が多くなることがあります。「韋駄天」は仏教に出てくる足の速い守護神です。

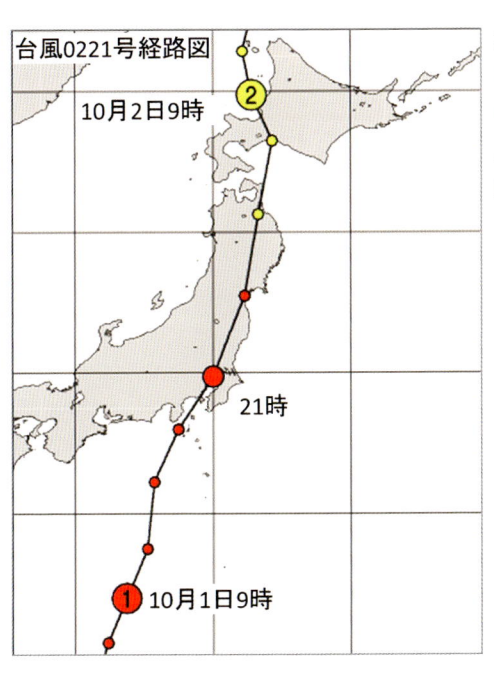

2002年の台風第21号の経路図。日本の南の海上から北海道まで約1600キロメートルを、1日で北上する速さで東日本を縦断した。

図提供：気象庁

2002年10月の台風第21号は、1日の平均の速度が時速65キロメートルという速いスピードで、日本列島を縦断した。茨城県では、強い風のため、鉄塔が何本もたおれた。

写真提供：水戸地方気象台

そなえよう！台風災害

台風については、近づく5日くらい前から予報が出ます。台風の強さや近づく場所、どんな災害のおそれがあるかを、テレビやラジオ、ホームページなどを利用してたしかめ、早めに準備しましょう。

● 戦後最強クラスの台風から身を守った！

伊勢湾台風と、その2年後に日本に上陸した第二室戸台風の2つの台風は、上陸時、ともに戦後最強クラスの非常に強い勢力だったにもかかわらず、犠牲者は大きく異なります。第二室戸台風のときは、伊勢湾台風の教訓をいかして早めの対策ができ、44万人が避難できたためです。

もうれつに発達した台風が上陸したときの避難の効果

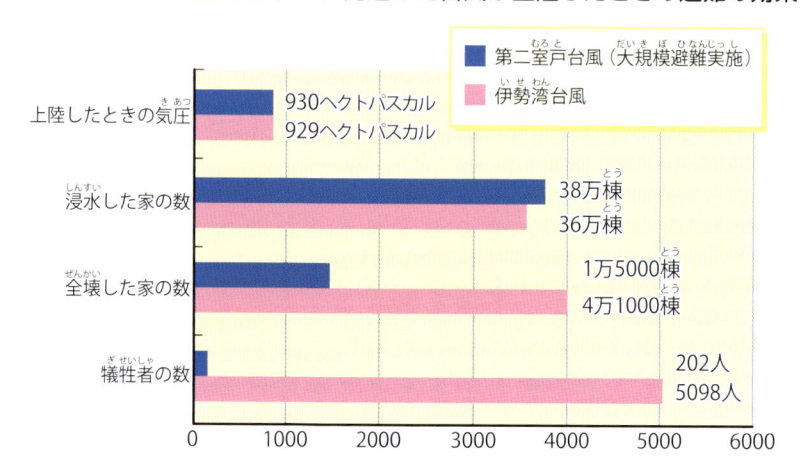

	第二室戸台風（大規模避難実施）	伊勢湾台風
上陸したときの気圧	930ヘクトパスカル	929ヘクトパスカル
浸水した家の数	38万棟	36万棟
全壊した家の数	1万5000棟	4万1000棟
犠牲者の数	202人	5098人

● 台風情報をじょうずにいかそう！

台風情報の用語

● **予報円**
台風の中心が、予想時刻に来る可能性の高い範囲をしめした白い円のこと。

● **暴風域**
風速が毎秒25メートル以上ふくおそれの高い範囲のこと。電車や高速道路が使えない強さとなる。

● **暴風警戒域**
これから暴風に警戒が必要な範囲のこと。

テレビや気象庁のホームページなどで「台風情報」を確認することができます。台風の現在の位置や予想進路の見方を学んで、台風にそなえましょう。

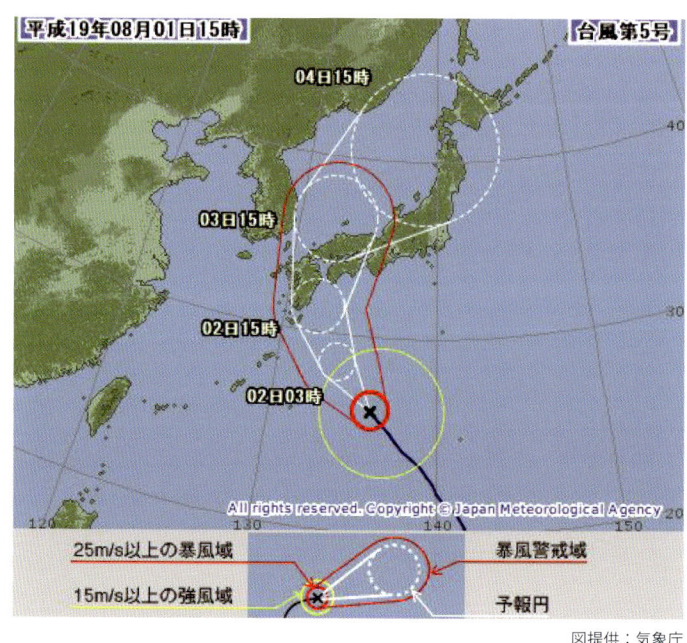

図提供：気象庁

○ 台風には早めの準備を！

テレビやラジオ、ホームページで、最新の「台風情報」「気象台からの情報」「自治体の情報」に気をつけましょう。

5日前
「台風の5日先までの進路情報」

36時間前
自分のところに、いつごろ影響しそうか確かめる

「台風情報：非常に強い台風が上陸するおそれ」
早めに準備を開始する
家の暴風対策は台風接近の前日までに行う
（大雨や強風のときは絶対にやらない）

24時間前
「台風情報：近年まれな重大な災害の発生するおそれ」
避難場所の確認
近所の協力体制の確認
がけに近いところは、自主避難も検討

12時間前
「台風情報：12時間後に○○地方に最接近」
「警報発表（△△県：大雨・洪水・暴風・波浪）」

台風情報に注意
天気が一時的によくなっても、外出はひかえる

9時間前
「警報発表（△△県：高潮）」
「△△地方気象情報：数時間のうちに、避難が困難となるような、暴風や大雨となる見こみ」

避難などは、自治体からの情報・指示にしたがう
（高潮の被害発生はまれ、混乱しないことが重要）
避難などは、暴風で交通がマヒする前に行う！

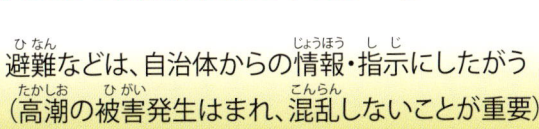

6時間前

最接近

資料提供：名古屋地方気象台（一部編集して使用）

たいへん！突然、巨大な雲が立ち上がった！

積乱雲

夏空に広がるわたのような形をした雲（積雲）から、強い上昇流によって、むくむくと成長して、塔のように立ち上る巨大な雲が積乱雲です。入道雲ともよばれ、夏の雲として親しまれていますが、この雲のなかでは、空気がはげしく上昇し、氷のつぶや雨つぶが、ぶつかりあっています。そしてこの雲が、突然、短い時間に集中して、雷をともなう、大つぶの雨をふらし、大きな災害を引き起こすこともあるのです。

● 積乱雲が災害をもたらす

急速に発達した積乱雲がもたらす被害は、雷や大雨だけではありません。ときには、ひょうをふらせたり、竜巻や突風も発生させます。また、短い時間に、集中してふるもうれつな雨は、川の水を一気に増水させ、洪水を引き起こします。山やがけの斜面に雨水がしみこみ、地盤がゆるんで、土砂災害を発生させることもあります（32ページ参照）。

夏の積乱雲。高さが10キロメートルをこえることもある。
写真提供：秋田地方気象台

むくむくと立ち上がった積乱雲から、こんな災害が発生します！

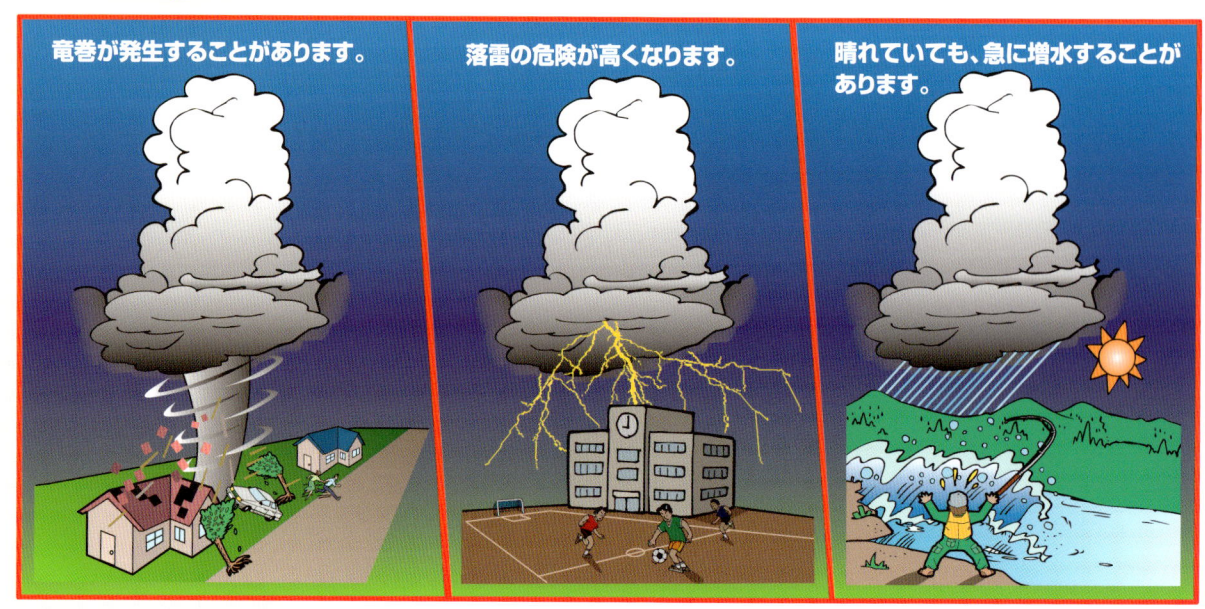

| 竜巻が発生することがあります。 | 落雷の危険が高くなります。 | 晴れていても、急に増水することがあります。 |

資料提供：気象庁

● あっという間に発達する積乱雲からの大雨の被害

ひとつの積乱雲の寿命は1時間くらいですが、20～30分の間に急発達して、もうれつな雨をふらせます。特に都市部の坂の多い川では、上流でふった大量の水が速いスピードで流れ下り、急に川の水が増水することがあります。晴れていても、川の上流に積乱雲があれば要注意です。

ほんの20～30分で、積乱雲が急発達して大雨になり

写真提供：大垣市教育総合研究所

大雨は川に流れこんで

川が大増水（雲の写真はイメージ）

写真提供：兵庫県神戸市

● 屋外で活動しているときは落雷に注意！

1年間に平均10人以上が、落雷のために亡くなったりけがをしたりしています。登山や球技などの屋外活動中、雷にあうことがよくあります。山火事や民家の火災が発生することもあります。電気機器が故障するほか、変電所や信号機に雷が落ち、電車が止まるなど交通機関がみだれることもあります。

落雷は、雨がふらなくても発生することがある。
冬に発生する雷は、落雷の数こそ夏より少ないが、1回の落雷のエネルギーは夏の雷より大きいことが知られている。このため日本海側に設置されている風力発電の風車は、冬の雪雲からの雷で破損することが多い。

写真提供：神戸観光壁紙写真集HP

ひょう

ひょうは、積乱雲の強い上昇流の中でつくられます。ピンポン玉の大きさになることもあり、農作物に被害をおよぼします。車がきずつくこともあります。

2000年5月24日に千葉県にふったピンポン玉大のひょう。左下は一円玉。

写真提供：気象庁

地震　火山　土砂　津波　水害　台風　積乱雲　豪雪　自然のめぐみ　避難

73

● 同じところに次から次へと積乱雲ができて「集中豪雨」が……

積乱雲の寿命は1時間くらいですが、同じところに次々に積乱雲ができ、大雨が数時間、続くことがあります。せまいところに集中してふるため、「集中豪雨」といわれています。

● 集中豪雨は、水害や土砂災害を引き起こす代表格

集中豪雨は、おもに梅雨から秋雨の時期にかけて、数時間以上にわたりもうれつな雨をふらせます。特に「先行降雨」のあとの集中豪雨は、大きな災害に結びつきます。1982年に長崎県で発生した集中豪雨では、300人近くの犠牲者が出ました。

先行降雨って？

集中豪雨のふる数日前までに雨がふっていると、川の水かさがまし、土壌の水分量もふえているため、洪水や土砂災害が一層起きやすくなります。この雨を「先行降雨」といいます。

2000年9月、東海地方を中心に集中豪雨が発生し、名古屋市を流れる庄内川が氾濫した。その支流の新川では堤防がこわれ、多くの建物が水につかった。電車などの交通機関でも不通が相次いだ。

写真提供：国土交通省中部地方整備局

● 集中豪雨はせまい範囲で起こる

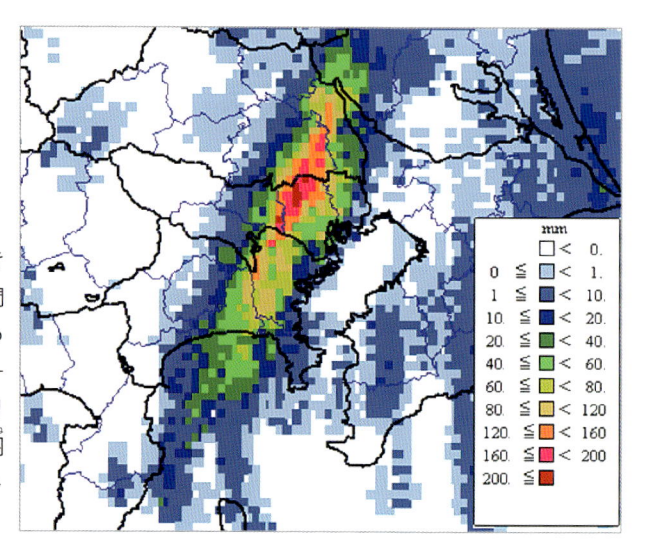

雨雲は線状に発達して、局地的に大雨がふることがあります。このとき、大雨のふっているところから車で数分はなれると、雨がふっていないこともあります。

2005年9月4日に東京都で起きた集中豪雨では、杉並区で4時間に250ミリメートルの大雨がふった。しかし、そこから3キロメートルはなれた練馬区では112ミリメートル、20キロメートル先の羽田空港では、わずか3ミリメートルしかふらなかった。

資料提供：気象庁

● 発達した積乱雲が次々にかかり「集中豪雨」が起きた！

集中豪雨が起きると、数時間に1か月間にふる雨の量をこえるような雨がわずか数時間で一気にふります。

2008年7月28日の朝方、石川県の山地を中心に約3時間にわたって大雨がふり続いた。総雨量は、金沢市の7月1か月間の平均雨量230ミリメートルをこえ、集中豪雨となった。右図は、気象レーダーで見た雨の分布図。赤いところで大雨がふっている。

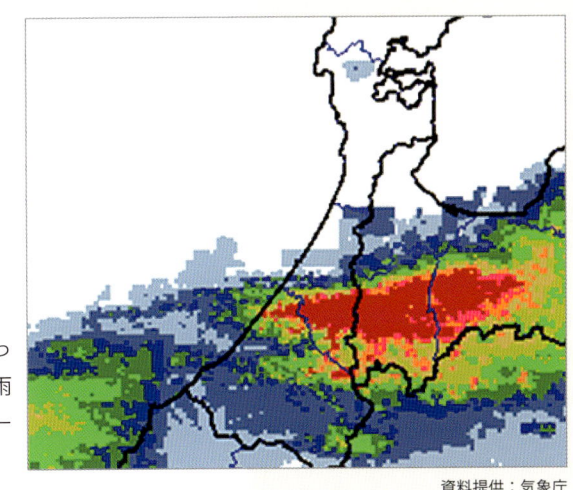

資料提供：気象庁

● 集中豪雨が起きた山地では、土砂災害が発生

集中豪雨のため、地面が水分をたっぷりふくむと、斜面の地盤がゆるんで土砂災害が起こります。

2008年7月に石川県で発生した土砂災害。金沢市の中心部を流れる浅野川の上流部にあたる範囲で、数多く発生した。

写真提供：石川県

● 下流では洪水が発生

頭の上では雨がほとんどふっていないのに、川の上流で起きた集中豪雨のために大量の雨が流れ下り、洪水になることがあります。

2008年7月に石川県で発生した集中豪雨の約1時間後、金沢市を流れる浅野川の水が堤防をこえ、市内に流れこんだ。しかし、金沢市内でふった雨は、わずか20ミリメートルだった。

写真提供：金沢市

地震　火山　土砂　津波　水害　台風　**積乱雲**　豪雪　自然のめぐみ　避難

● 家も自動車も巻き上げる竜巻！

竜巻は、積乱雲から地面にのびたはげしい渦巻です。直径は数十メートルから数百メートルくらいで、台風よりとても小さく、寿命も、長くても数十分程度ですが、自動車や家を巻き上げるもうれつな風がふきます。

● 秒速70メートルをこえる風が渦を巻く

日本では、強い竜巻で秒速約70メートルをこえる風がふいたことがあります。アメリカでは秒速100メートルをこえることがあります。じょうごの形や柱状の雲をともなっているのが特徴です。このほか、「ダウンバースト」でも、竜巻なみの突風がふきます。

ダウンバースト

積乱雲から地面に向かって、猛スピードで空気がふき下り、広がっていく現象を「ダウンバースト」とよびます。寿命は竜巻よりさらに短いことが多くなっています。海外ではこの突風で、航空機が墜落する事故も発生しています。

写真提供：愛知県豊橋市

竜巻はどの季節に起こるの？

竜巻は台風が近づく前に時々発生することが知られており、台風が数多く接近する9月に、竜巻も多く発生します。ただ、積乱雲が発達すれば、1年中季節を問わず起こります。

冬の日本海の発達した雪雲の中でも発生することがあります。

● 飛んできたガラスやかわらが建物に穴を開ける！

竜巻で巻き上げられたガラスやかわらは、毎秒何十メートルの速さで飛んできて、建物に穴を開けます。大けがをすることもあります。

2006年9月に発生した宮崎県延岡市の竜巻の被害。3人が亡くなった。

写真提供：気象庁

● 家も車も巻き上げてしまう！

竜巻の強い風と上昇流で、屋根が持ち上げられ、家が飛ばされることがあります。その威力で、車が宙に巻き上がって飛ばされることもあります。

2006年11月佐呂間町で発生した竜巻では、家が飛ばされ、中にいた9人が亡くなった。
写真提供：札幌管区気象台

● 竜巻のつめあとは、線状に残る！

竜巻は、短時間でせまい範囲に集中して、とても大きな被害をもたらします。被害は、長さ数キロメートルにおよぶこともありますが、幅はせいぜい数十メートルから数百メートルくらいです。

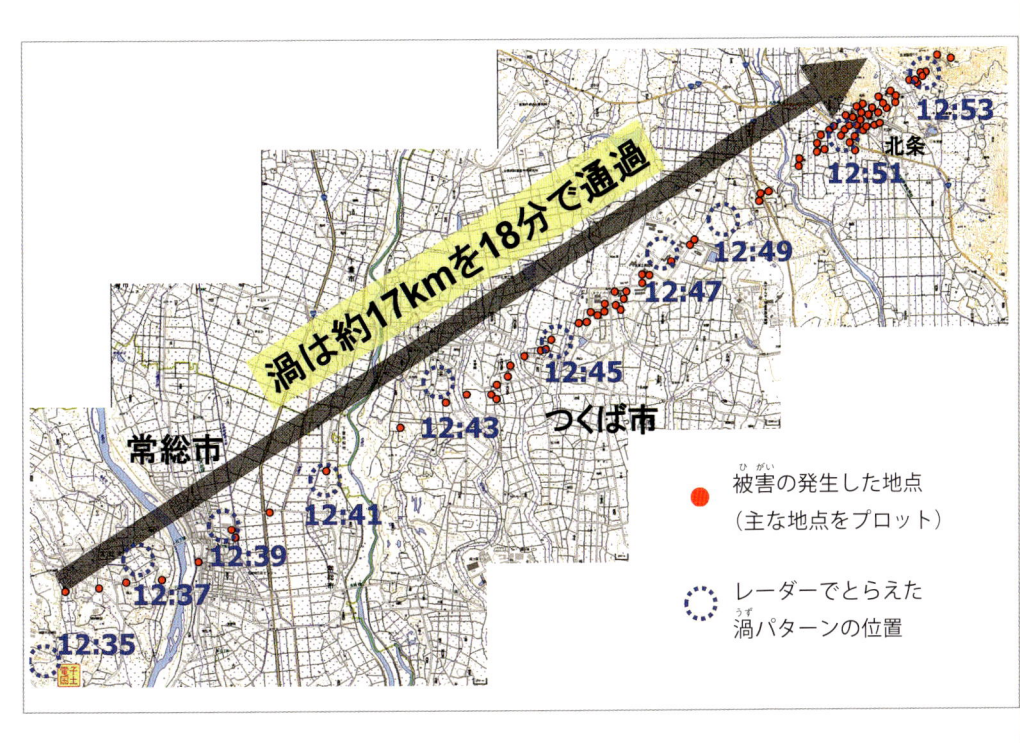

渦は約17kmを18分で通過

● 被害の発生した地点（主な地点をプロット）
○ レーダーでとらえた渦パターンの位置

竜巻注意情報

竜巻注意情報は、積乱雲から発生する竜巻、ダウンバーストなどによるはげしい突風が、およそ1時間以内にふくおそれが高いときに、注意をよびかける情報です。

藤田スケール

藤田スケールは、竜巻やダウンバーストの強さを分類する代表的な等級です。建物や草木などの被害に基づいて算出されます（106ページ参照）。藤田哲也によって考案され、世界中で広く使われています。

2012年5月に茨城県常総市付近で竜巻が発生した。被害の発生した地点を地図にえがくと、常総市からつくば市の約17キロメートルにわたって、直線状になっていることがわかる。竜巻自身の渦の大きさは1キロメートル以下のため、気象レーダーで観測することはできないが、うずを巻く「親雲」を観測することができる。大気の状態が不安定なときに「親雲」が観測されると、竜巻が発生しているか今後発生する可能性が高いことから、「竜巻注意情報」が発表される。

資料提供：気象研究所

どうして？集中豪雨が起きるの？

積乱雲

地面から10キロメートルくらいまでにふくまれている水蒸気の量を足すと、多いときで、雨に直してだいたい60ミリメートルになります。その水蒸気がそのまま雨になって地面にふっても、せいぜい60ミリメートルしかふりません。同じところにまわりの水蒸気を集めながら、次々に積乱雲をつくって雨に変えるので、60ミリメートルより多い雨がふるのです。まわりでは大雨にならないので、「集中豪雨」とよばれます。

● 集中豪雨のもとになる積乱雲は、こうして生まれて衰弱する

① 「発達期」では、地面付近の空気が太陽の熱によってあたためられて上昇し、水や氷のつぶになり雲ができます。そのときに凝結熱が発生してあたたまって軽くなり、さらに上昇流が強まって雲を発達させます。

② 「成熟期」では、雨や雪や氷のつぶが十分に成長して、その一部が地面に落下をはじめます。雨や雪が落下するときには、空気をいっしょに引きずり落とすため、下降流が発生します。成熟期には、積乱雲の中に上昇流と下降流の両方があるため、氷のつぶや雪や雲粒がぶつかりあって雷を発生させます。

③ 「減衰期」になると、雲全体が下降流となってしまい、雲は衰弱します。ひとつの積乱雲の寿命は1時間くらいです。

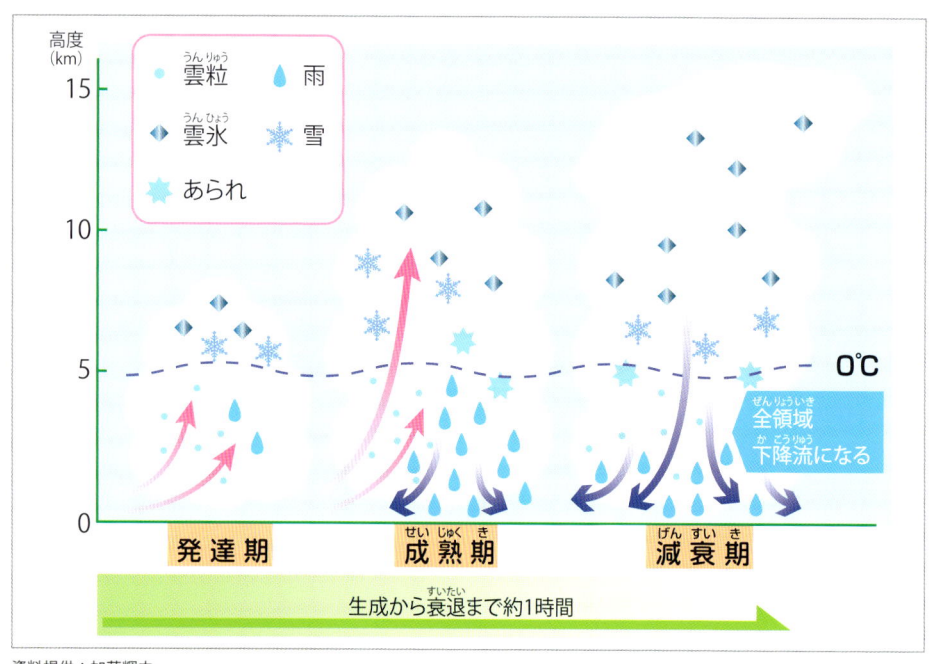

資料提供：加藤輝之

● 大気の状態が不安定なほど、積乱雲が発達する

地面に近いところの空気があたたかくしめっていて、上空が冷たくかわいていると積乱雲が発達しやすく、その差が大きいほど、より発達しやすくなります。これを「大気が不安定」であるといいます。集中豪雨は、大気が不安定なときに発生します。

● 積乱雲が次々にでき、集中豪雨になる

　上空の風の流れが弱いときは、積乱雲はあちこちに突然に発生することが多いものです。このため「局地的な大雨」とよばれることがあります。集中豪雨は、上空に一定の風の流れがあるときに、右の図のようなメカニズムで起こります。

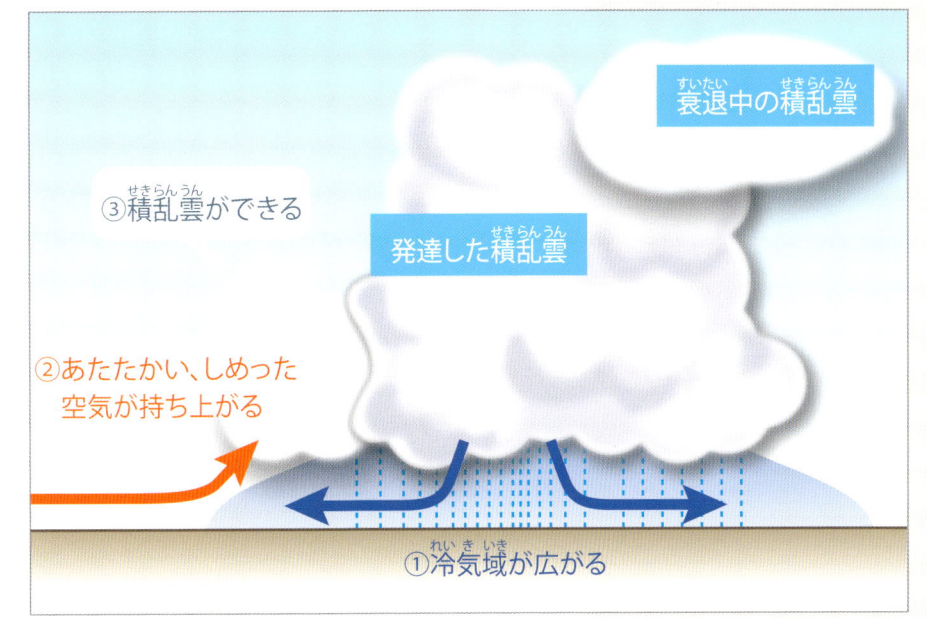

① 「発達した積乱雲」（図の中央の雲）から、雨に引きずられて冷たい空気が地面付近に広がる。
② 左側から来たあたたかい空気と①の冷たい空気がぶつかり、あたたかい空気が持ち上がる。
③ 持ち上がった空気の水分が、上空で冷やされて、水や氷のつぶになり積乱雲ができる。
④ 積乱雲は、上空の風のため右側に流されながら「発達した積乱雲」になり、①から④をくり返しながら、同じような場所に大雨をふらす。

● 次々に積乱雲ができると「にんじん」の形になる

　集中豪雨をふらせる雲を気象衛星で見ると、にんじんのような形をしていることがあります。これを「にんじん雲」とよびます。「にんじん雲」があれば大雨に要注意です。

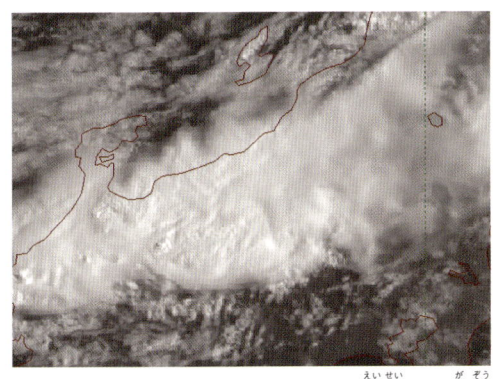

2008年7月28日7時30分に、気象衛星の雲画像で見えた「にんじん雲」。この雲の下が集中豪雨になっている。
写真提供：気象庁

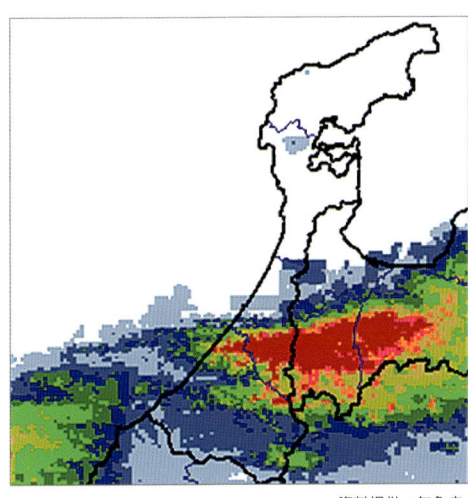

気象レーダーでは5分ごとに、積乱雲からふってくる雨を見ることができる。積乱雲の頂上付近が、かなとこ雲（頂上部分が広がって平らになっている雲）になっているときは、宇宙から見た気象衛星の画像では、雲がべったりと広がって見えるため、どこが大雨をふらせている雲かがわかりにくくなることがある。気象レーダーで雨を見た方が「にんじん」の形がわかりやすいことが多い（2008年7月28日8時のレーダー画像）。

資料提供：気象庁

そなえよう！積乱雲の災害

運動やレジャーを楽しむ青空から、あっというまに積乱雲が急速に発達して、いろいろな災害が発生することがあります。いざというときの心がまえや、準備をしておきましょう。気象情報を使えば、早めの準備ができます。いざというときの避難経路を知っておけば安心です。情報をじょうずにいかしましょう。

● 天気予報や気象情報・警報・注意報に注意！

屋外では、雷や急な川の増水、竜巻などの突風のおそれがあるかもしれません。必ず、天気予報や気象情報を見ておきましょう。

近くで雷がなっていたり、雨がふり始めたら、身の回りに危険がおよばないように、早めに行動しましょう。

（例）14:00～16:00に戸外で行動する場合

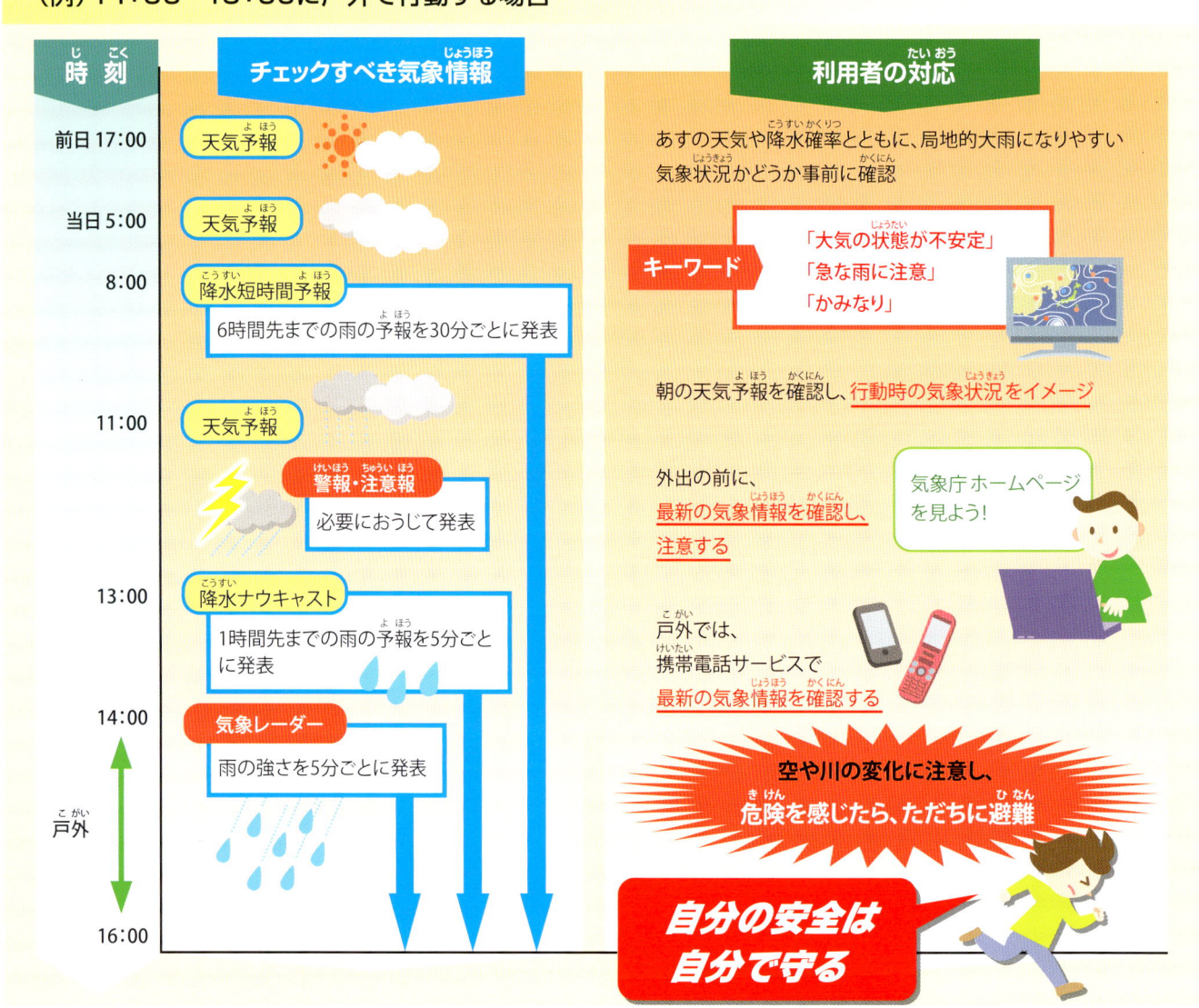

時刻	チェックすべき気象情報	利用者の対応
前日 17:00	天気予報	あすの天気や降水確率とともに、局地的大雨になりやすい気象状況かどうか事前に確認
当日 5:00	天気予報	キーワード：「大気の状態が不安定」「急な雨に注意」「かみなり」
8:00	降水短時間予報（6時間先までの雨の予報を30分ごとに発表）	朝の天気予報を確認し、行動時の気象状況をイメージ
11:00	天気予報	外出の前に、最新の気象情報を確認し、注意する（気象庁ホームページを見よう！）
	警報・注意報（必要におうじて発表）	
13:00	降水ナウキャスト（1時間先までの雨の予報を5分ごとに発表）	戸外では、携帯電話サービスで最新の気象情報を確認する
14:00	気象レーダー（雨の強さを5分ごとに発表）	空や川の変化に注意し、危険を感じたら、ただちに避難
16:00		自分の安全は自分で守る

資料提供：気象庁

写真提供：愛知県豊橋市

写真提供：神戸観光壁紙写真集HP

竜巻が間近にせまったら…

雷から身を守るには…

1 がんじょうな建物の中へ避難

■ 避難するときは、屋根がわらなどの飛来物に注意しましょう。
■ 避難できないときは、物かげやくぼみに身をふせましょう。

危険 車庫・物置・プレハブ（仮設建築物）への避難は危険です。

2 屋内でも まどや、かべからはなれる

■ 家の中心部に近い、まどのない部屋に移動しましょう。
■ まど、雨戸をしめ、カーテンを引きましょう。
■ がんじょうなつくえの下に入り、頭と首を守りましょう。

まどのある部屋ではカーテンをしめ、まどからはなれる

1階のまどのない部屋へ

1 雷鳴が聞こえたらすぐ避難

■ 雷鳴が遠くても、雷雲はすぐに近づいてきます。屋外にいる人は安全な場所に避難しましょう。

2 建物の中や自動車へ避難

■ 建物や屋根つきの乗り物（自動車など）へ避難しましょう。

危険 雨宿りで木の下に入るのは危険です。

3 木や電柱から4メートル以上はなれる

■ 側撃雷のおそれがあるので、木や電柱から4メートル以上はなれてください。右図の三角の範囲内は比較的危険は小さいですが、なるべく早く屋内の安全な場所に避難しましょう。
■ 近くに避難する場所がないときは、しせいを低くしましょう。

保護される範囲　45°　4メートル以上はなれる

冊子「雷から身を守るには」（日本大気電気学会編集）から引用

資料提供：気象庁

● これまでの雨で川が増水しているときは、より早めの避難を

　雨がさらにふると、増水している川はあっという間に氾濫するおそれがあります。土砂災害も一層起きやすくなります。ふだん危険を感じないところで、流されることもあります。避難は、道路が水であふれる前に、いつもより早めに行いましょう（74ページのコラム参照）。

写真提供：牛山素行

2009年8月9日、兵庫県佐用町では、梅雨前線の活動が活発になり、まとまった雨で川が増水していた。その後の集中豪雨により、あっという間に用水路から水があふれ、道路の上をいきおいよく水が横切っていた。避難のためにそこを通った9人が流されて亡くなった（赤い点線で囲まれたところ。花がそえられている）。避難経路が水であふれたときは、無理をすると、かえって危険なので、自宅の安全なところで助けを待つことが大事である。

地震　火山　土砂　津波　水害　台風　積乱雲　豪雪　自然のめぐみ　避難

たいへん！ 大雪がふりやまない！

どどどど……ものすごい地ひびきをたてて、雪が山の斜面を流れ下っていきます。春になって気温が高くなると、なだれの被害についてのニュースをよく聞くようになります。日本海側の冬は、初雪とともにはじまり、雪どけとともに終わるといわれているように、生活に密接にかかわっています。スキーなどのスポーツも楽しめますし、雪どけ水は、飲み水や農業用水のたいせつな水源です。その一方で大量の雪は、なだれを起こしたり、その重みで家屋をつぶしたり、さまざまな災害を引き起こすこともあるのです。

● 雪下ろしの最中に転落！ 屋根から落ちる雪にうまる！

1メートルをこえて積もった雪をそのままにすると、重みで家が倒壊するので、雪下ろしは欠かせません。しかし、雪下ろしの最中に、転落する事故があとをたたないのです。屋根から落ちてきた雪に、うまってしまうこともあります。

2006年豪雪・雪下ろし（新潟県十日町市）。
写真提供：魚沼市消防本部

● 急な積雪とふぶきで車がうまってしまう！

冬型の気圧配置が強まると、台風なみの強い風で雪がまい、道路の数メートル先が見えなくなることがあります。急な積雪で車が立ち往生し、車が雪にうまり、排ガスが車内に充満して人が死亡した例もあります。

写真提供：北海道開発局網走開発建設部

太平洋側でも雪に注意

太平洋側の雪は、多く積もっても20センチメートルほどですが、ふだん積雪になれていないため、車がスリップして事故を起こしたり、すべって転倒してけがをすることがあります。また、道路が閉鎖されたり、電車がストップするなど交通機関が大きくみだれます。

大規模ななだれは、山を何百メートルも流れ下る

　雪の積もった山地では、晴天が続くと夜間に地表の熱がうばわれるなどして、雪の表面がすべりやすくなります。そのようなときに大雪になると、大規模ななだれが発生してスキーや登山客が遭難することがあります。なだれは、山を流れ下り線路や道路をふさぐこともあります。

写真提供：志田昌之

2006年豪雪で発生した大規模ななだれは、650メートルも流れ下り、げんせい工（写真下のなだれのいきおいを弱める構造物）まで達した。

写真提供：「雪崩・地すべり研究センターたより第40号」より転載

なだれが家におしよせてくる

　雪が平年なみにふったくらいでは、なだれが人家の多いところまで来ることは、ほとんどありません。しかし、数年に一度あるかないかの深い積雪がある場合は、山で起きたなだれが民家までおしよせてくることがあります。斜面が気温の変化などのためにすべりやすくなっているときに、さらに大雪がふるときは、特に注意が必要です。

2006年2月10日、秋田県の乳頭温泉では、なだれが旅館におしよせた。2006年の冬は、雪のため152人が亡くなった。

写真提供：国土交通省

どうして？豪雪が起きるの？ ～天気図でわかる豪雪～

日本海側の大雪は、シベリア大陸からの「寒気」が、強い北よりの風とともに下りてくるときにふります。

そのようすと雪雲のでき方は、天気図や気象衛星で見ることができます。

○「西高東低」の冬型の気圧配置は豪雪のシグナル！

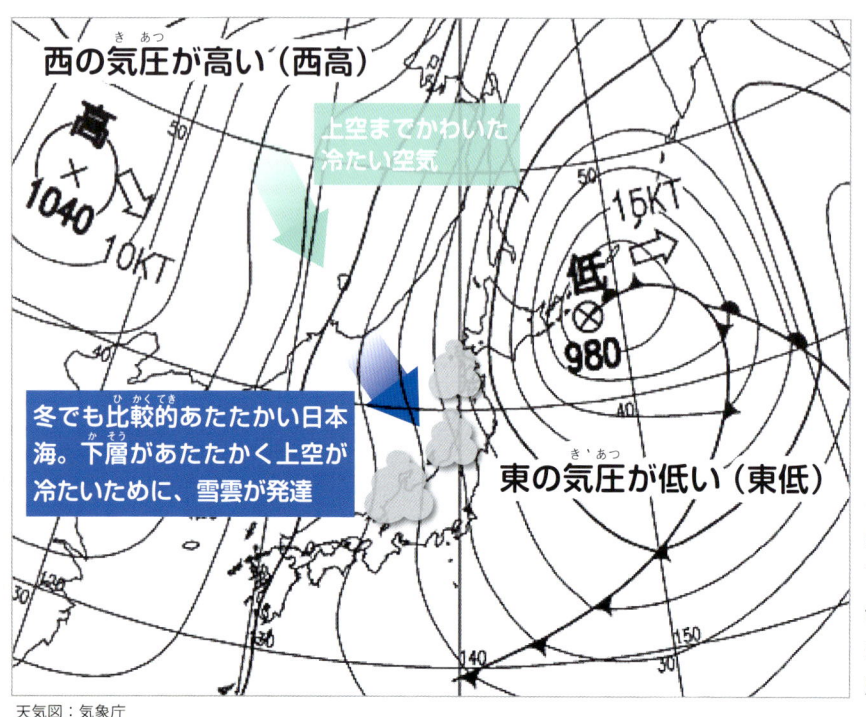

日本海側で大雪がふるとき、天気図では「西高東低」の気圧配置になります。天気予報に注意すれば、いつ大雪がふるかがわかります。

西の気圧が高い（西高）
上空までかわいた冷たい空気
冬でも比較的あたたかい日本海。下層があたたかく上空が冷たいために、雪雲が発達
東の気圧が低い（東低）

天気図：気象庁

この天気図では、西側にあたる図の左側の気圧が「高く」、日本の東側の太平洋側の低気圧付近で気圧が「低く」なっており、典型的な「西高東低」の気圧配置である。風は、気圧の低い方に向かって右ななめ前、ここでは北西から南東に風がふく。

○すじ状の雲が大雪をもたらす

日本海側に見えるすじ状の雲の列は、大雪のときの特徴です。

大雪の目安

日本海側の大雪の目安は、上空5000メートル付近の気温がマイナス30度より低いことです。冬でも日本海の海水温度は10度くらいあります。下層の空気は、日本海を通って雪雲ができるときにあたためられるので、地上や海面付近の気温は目安にしません。

大陸のかわいた空気が、日本海であたためられ雪雲ができるさかい目。さかい目が大陸に近いほど大雪になる。

すじ状になっているそれぞれが雪雲。発達した雲は約3000メートルくらいの高さになる。

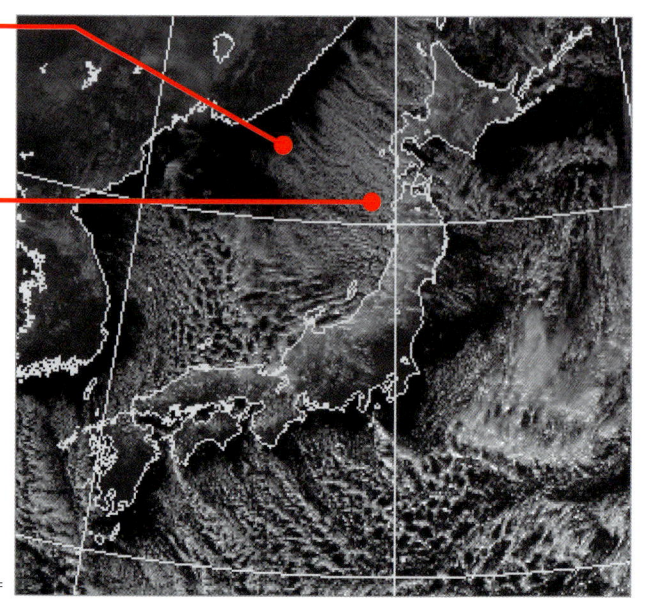

写真提供：気象庁

● 低気圧や前線が通るときは、突風や着雪にも注意！

　日本海から発達した低気圧が東進してくると、平野ではしめった大雪となることがあります。雪が電線などに付着する「着雪」が原因となる大規模な停電や、強風や突風の被害が出ることがあります。2005年12月25日の夕方、低気圧からのびる前線付近で突風がふき、列車が転ぷくしました。また、その3日前には、新潟県で、低気圧が通過した直後に「着雪」が発生し、強風にあおられて電線がショートしたため、65万戸が長時間にわたって停電しました。

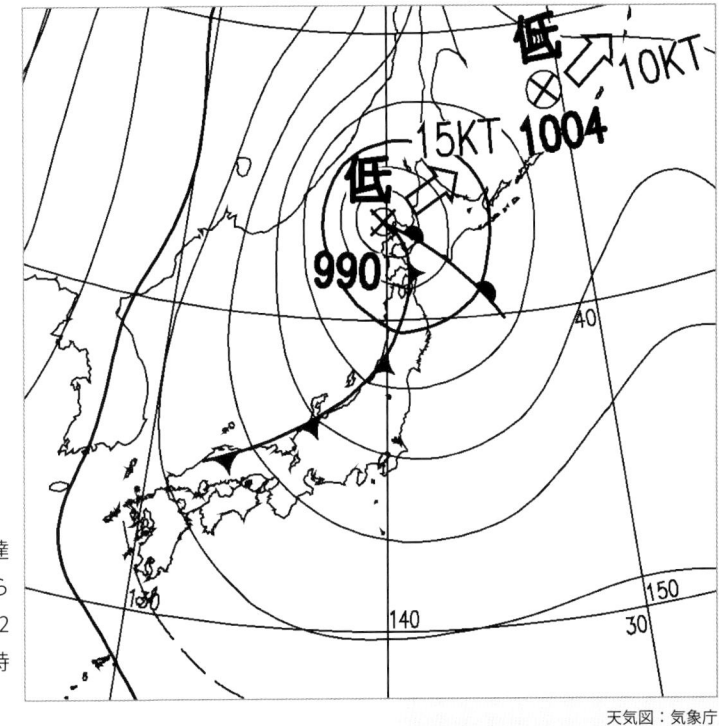

2005年12月25日21時の天気図では、発達中の低気圧からのびた前線が、東北地方から中国地方の日本海側にかかっている。この2時間くらい前に、山形県で突風が発生し、特急列車が転ぷくし、5人が犠牲になった。

天気図：気象庁

● 日本の南を「南岸低気圧」が通ると太平洋側に大雪が！

　ふだん雪の少ない太平洋側でも、日本列島の南の海上を「南岸低気圧」が東に進むと大雪がふることがあります。日本海側とことなり、風は北や北東からふくことが多く、上空5000メートルの気温が低くなくても大雪になります。

春の足音が聞こえ始める2月から3月にかけて、日本の南を低気圧が通ることが多くなる。太平洋側は、日本海側の大雪のピークがすぎたころから特に注意が必要であり、ふる季節にややちがいがある。

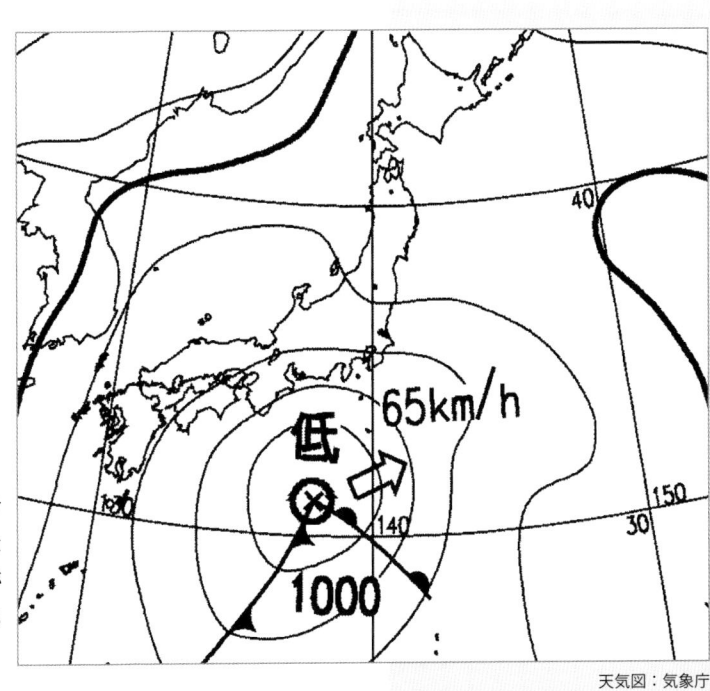

天気図：気象庁

そなえよう！豪雪災害 〜ふだん雪の多くふる地方では〜

　天気予報で、いつもより大量の雪がふり積雪が多くなる予報が出ていないか、気をつけるようにしましょう。人家までなだれがおしよせたり、道路で車がうまってしまうような、ふだんは起きない雪の災害にそなえることも大事です。あらかじめ、どんなところでどんな危険があるかを確認しておきましょう。

● 天気予報を活用しよう　〜大雪はあらかじめわかる〜

　天気予報で、2、3日先までに大雪のおそれがあるかどうかがわかります。雪下ろしの予定を決めることができますし、外出の予定があっても、交通機関が不通になる可能性があらかじめわかれば、大雪の中をあわてたり、無理をすることがありません。
　気象情報では、今の積雪のようす、これからさらにどのくらいの大雪になるか、なだれのおそれはないかなどに注意します。風が強いと、ふぶきで数メートル先も見えなくなります。外に出るのは車でもたいへん危険です。強い風にも注意しましょう。

資料提供：内閣府

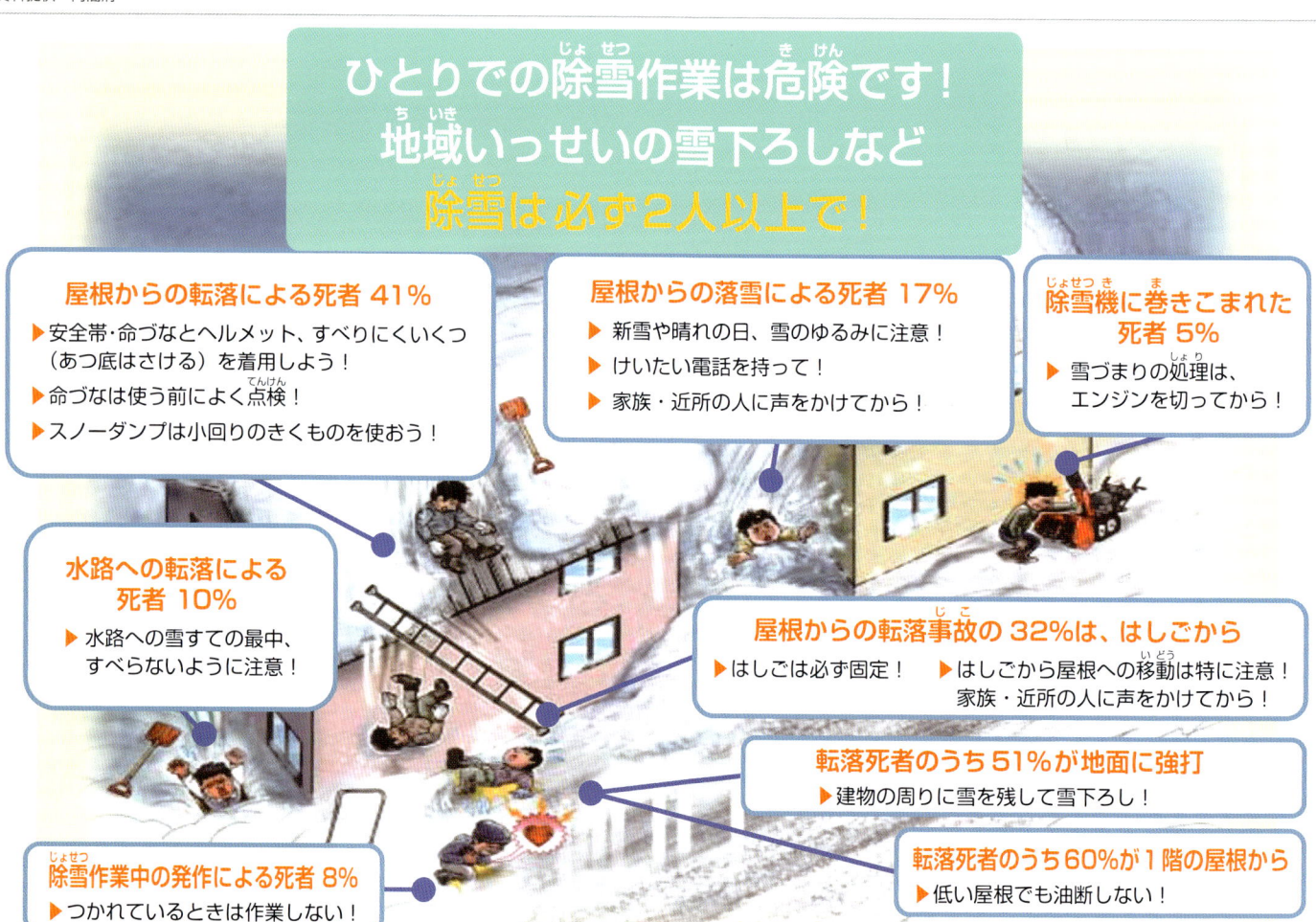

ひとりでの除雪作業は危険です！
地域いっせいの雪下ろしなど
除雪は必ず2人以上で！

屋根からの転落による死者 41%
- 安全帯・命づなとヘルメット、すべりにくいくつ（あつ底はさける）を着用しよう！
- 命づなは使う前によく点検！
- スノーダンプは小回りのきくものを使おう！

屋根からの落雪による死者 17%
- 新雪や晴れの日、雪のゆるみに注意！
- けいたい電話を持って！
- 家族・近所の人に声をかけてから！

除雪機に巻きこまれた死者 5%
- 雪づまりの処理は、エンジンを切ってから！

水路への転落による死者 10%
- 水路への雪すての最中、すべらないように注意！

屋根からの転落事故の32%は、はしごから
- はしごは必ず固定！
- はしごから屋根への移動は特に注意！家族・近所の人に声をかけてから！

転落死者のうち51%が地面に強打
- 建物の周りに雪を残して雪下ろし！

除雪作業中の発作による死者 8%
- つかれているときは作業しない！

転落死者のうち60%が1階の屋根から
- 低い屋根でも油断しない！

● 屋根から落ちてくる雪に注意しよう！

積雪が多いときは、屋根から落ちてくる雪で、からだがうまってしまいます。また雪下ろしは、気象情報を参考に、大雪になる前に早めに計画を立て準備することが大事です。

● なだれの起きやすいところを、確認しておこう

10年に1回か2回くらいしかふらないような記録的な大雪がふると、これまでになかったところで大規模ななだれが起きます。なだれのために道路や鉄道が不通になるだけでなく、民家にまでおしよせることもあります。

自分の住んでいる近くに、なだれが起きやすい「なだれ危険か所」がないかどうか、ふだんから調べておきましょう。

なだれが起きやすいときは「なだれ注意報」が発表されます。そんなときは危険な場所には、近づかないようにしましょう。ときには避難も必要です。

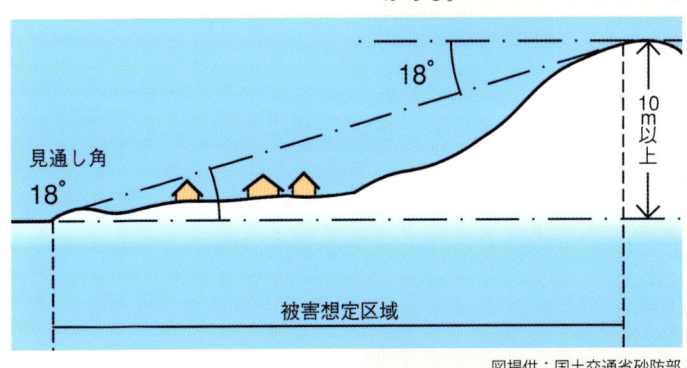

斜面のかたむきが15度以上の山では、大規模ななだれが発生するおそれがあり、山の頂上から18度下を見下ろす範囲までは、なだれが下っていくおそれがある。

図提供：国土交通省砂防部

● 大雪から身を守るには　〜ふだんは雪のふらない地方では〜

あまり雪になれていないため、数センチメートルの雪がふっただけで、社会生活に大きな影響があります。

● 雪が積もると、どのようなことが起きるかを調べておき、時間によゆうを持って行動しよう

雪が積もると、電車や飛行機が止まり、車は大渋滞し、歩くのにもたいへん時間がかかります。

大雪になると、積雪や着雪で、樹木が折れたり、停電になることがあります。大雪のあと、低温になると水道管が凍結して水が出なくなることもあります。

あなたの家の周りでどのようなことが起きるかを調べておき、時間によゆうを持って行動すれば、あわてることはありません。ときには外出を中止するなど、予定を変えることも必要です。

自然のめぐみ

大地の動きと自然のめぐみ

　これまで見てきたように、自然は時に牙をむき、さまざまな形でわたしたちのくらしをこまらせます。2011年3月の東日本大震災では、たくさんの人々のとおとい命がうばわれました。しかし、そんなおそろしい顔を持つ自然ですが、ふだんはその"美しさ"や"雄大さ"で、わたしたちを楽しませてくれます。また、さまざまな"めぐみ"ももたらしてくれるのです。ここではそういった自然の"雄大さ"や"めぐみ"について見てみましょう。

写真提供：静岡県御殿場市

山ができる！

北海道有珠山にある昭和新山は、もともと平地だったところに新しく誕生した火山です。約2年の歳月をかけて、マグマがゆっくりもり上がっていったのです。何と海抜407メートルにまで達しました。その後、マグマの冷却や浸食により、多少低くなりました。

■ もり上がる前　　■ もり上がった後

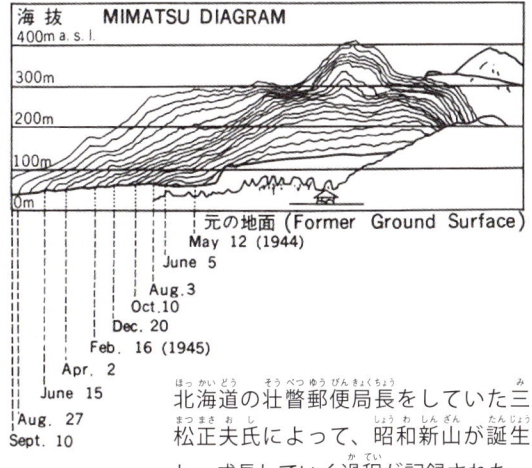

北海道の壮瞥郵便局長をしていた三松正夫氏によって、昭和新山が誕生し、成長していく過程が記録された。

図版・写真提供：三松正夫「昭和新山生成日記」

その段差、断層によってつくられたものかも！？

「断層は地震の化石」です。地下の岩盤に突然割れ目ができ、それをさかいにして、両側にくいちがいができると地震が起こり、断層ができます。大きな地震のときには、断層が地表まであらわれて、まっすぐに続く段差がつくられます。

断層によってできた段差は、長い年月のうちに雨などにけずられて谷をつくります。昔の人々は、その谷を道として利用しました。たとえば、花折断層は京都から福井までまっすぐに続く谷で、その昔、日本海のサバを都に運ぶために使われていました。それが若狭街道、通称「鯖街道」とよばれる道です。若狭街道がなければ、日本海の海の幸などを新鮮なまま都へ運ぶことはできなかったでしょう。今もこの街道は、人々の移動や物流を助ける主要な道路として役立っています。

↑約6メートルの段差

根尾谷断層は、1891年に現在の岐阜県本巣市根尾付近を震央とする、濃尾地震（マグニチュード8.0）であらわれた断層だ。写真の矢印がこの断層のズレによってできた地面の段差で、その高さは約6メートルにもなる。

写真提供：国立科学博物館

江の島一帯は、1923年の関東大震災を引き起こした、マグニチュード7.9の地震によって約1メートル隆起した。このため、もともと海の中にあった平らな海底が地上にあらわれ、江の島の海岸が広がった。遠浅で比較的波が静かな海岸は海水浴場としても人気があり、人々を楽しませてくれる。

写真提供：公益社団法人藤沢市観光協会

89

写真提供：東京都大島町

噴火がくれたおくりもの

伊豆大島には、1986年の噴火の後にわき出した温泉があります。日本にはたくさんの温泉がありますが、その多くが火山地域にあり、火山と温泉が密接なかかわりを持っていることがわかります。まさに温泉は、火山があるためにもたらされる、めぐみといえるでしょう。

ふり積もった火山灰は時間がたつと、野菜の栽培に適したミネラルの多い土壌になります。群馬県と長野県の県境にある浅間山は、ひんぱんに噴火をくり返すことによってこうした肥沃な土壌をつくりました。

群馬県嬬恋村は、キャベツの名産地で知られている。火山のめぐみともいえる作物には、嬬恋キャベツのほかに、桜島だいこん、伊達メロン、深谷ねぎなどがある。

写真提供：群馬県嬬恋村役場

噴火でつくられたプール
写真提供：三宅島観光協会

三宅島には、噴火のときに海に流れこんだ溶岩でせき止められてできた、長太郎池という天然のプールがある。三宅島には黒潮が流れこむことから、南の島々で見られるようなカラフルな熱帯魚を見ることができる。

写真提供：宇田優子

○ 美しい景色

　高千穂峡は、阿蘇山のカルデラができたときの巨大噴火で噴出し堆積した火砕流を、川が浸食してできた侵食谷です。およそ9万年前、巨大噴火によって噴出した火砕流があたりをうめつくし、阿蘇地方から宮崎県北部を流域とする五ヶ瀬川にも流れ下りました。その後、川の浸食によって、景観の美しい高千穂峡がつくられました。

　この噴火による火砕流は、熊本県から海をへだてた長崎県の島原や天草、山口県でも確認されています。さらにこの火山灰は、西風に運ばれて日本列島各地にふり注ぎ、遠くはなれた北海道の網走でも5センチメートル以上、積もりました。

高千穂峡は、その景観の美しさから、国の名勝および天然記念物に指定されている。

写真提供：公益財団法人みやざき観光コンベンション協会

○ 雪だって楽しめる！

　大雪も時として人々の生活を大変にしますが、その反面、冬にしかできないたくさんの楽しみをあたえてくれます。雪だるまをつくったり、雪合戦をしたり、スキーやそり遊びなどたくさんありますね。

　冬になると、日本各地で雪にちなんだイベントが開催されます。

○ 川の氾濫が、肥沃な土地をつくった！

　川の氾濫は、悪さをするだけではありません。エジプトではナイル川が氾濫をし、その下流の地域に肥沃な土地がもたらされました。

　バングラデシュでは、よく川が氾濫をしてそのたびに避難をしなければならないような場所にもかかわらず、水が引けば同じ土地に人々がもどってきます。そこは水田耕作にも適していることから、川の氾濫をのぞけば、人々にたくさんのめぐみをあたえてくれるのです。

避難　どうする？ 家にいた場合

災害から身を守る一番の方法は、「にげる」ことです。けれども、災害にはいろいろな種類があって、ある災害にとって安全な場所が、別の災害にとっては安全でない場合もあります。3枚の絵をもとに、安全な場所を確認しておきましょう。

地震
ねる部屋には、たおれてくるものは置かない。スリッパを用意しておく。

台所
地震／津波
火を消す。ゆれているあいだは、近づかない。

ドア
地震：ゆれがおさまったら、決められた避難場所に避難する。
津波：高台に避難する。

家具
地震
転倒の危険をさけるため、家具は固定する。

地震／津波
出口を確保する

地震
ゆれでたおれそうな電器製品などは固定する。
耐震シート

地震・土砂・津波・水害・台風・豪雪
ラジオなどで情報を収集する。

水害　台風
避難がおくれたら、自宅の2階に上がる。
貴重品は、2階や高い所へ。

窓　台風
雨戸、カーテンを閉める。

台風
風で飛ばされそうなものは家の中へ。
風が強いときは、なるべく外に出ない。台風の場合は、早めに用事をすませる。

土砂
井戸水がにごる。

ブレーカー
地震　津波 切る。
台風 停電にそなえる。
（懐中電灯、ろうそく、携帯電話の充電）

地震
ざぶとんなどで頭を保護。

ストーブ
地震　津波
なるべく近づかない。
ゆれると消えるストーブにする。

地震　土砂　津波　水害　台風　豪雪
防災グッズを用意しておく。

地震　火山　土砂　津波　水害　台風　積乱雲　豪雪　自然のめぐみ

避難

93

避難 どうする？ 学校にいた場合

災害から「にげる」タイミングも、またいろいろです。たとえば洪水の場合は、あわててにげるよりも、2階などでようすをみるほうがいいこともあります。これに対し、津波の危険性のある場所では、すぐさまにげなければいけません。それらも、すべてその災害の特徴を知ることで、適切な対応ができるのです。

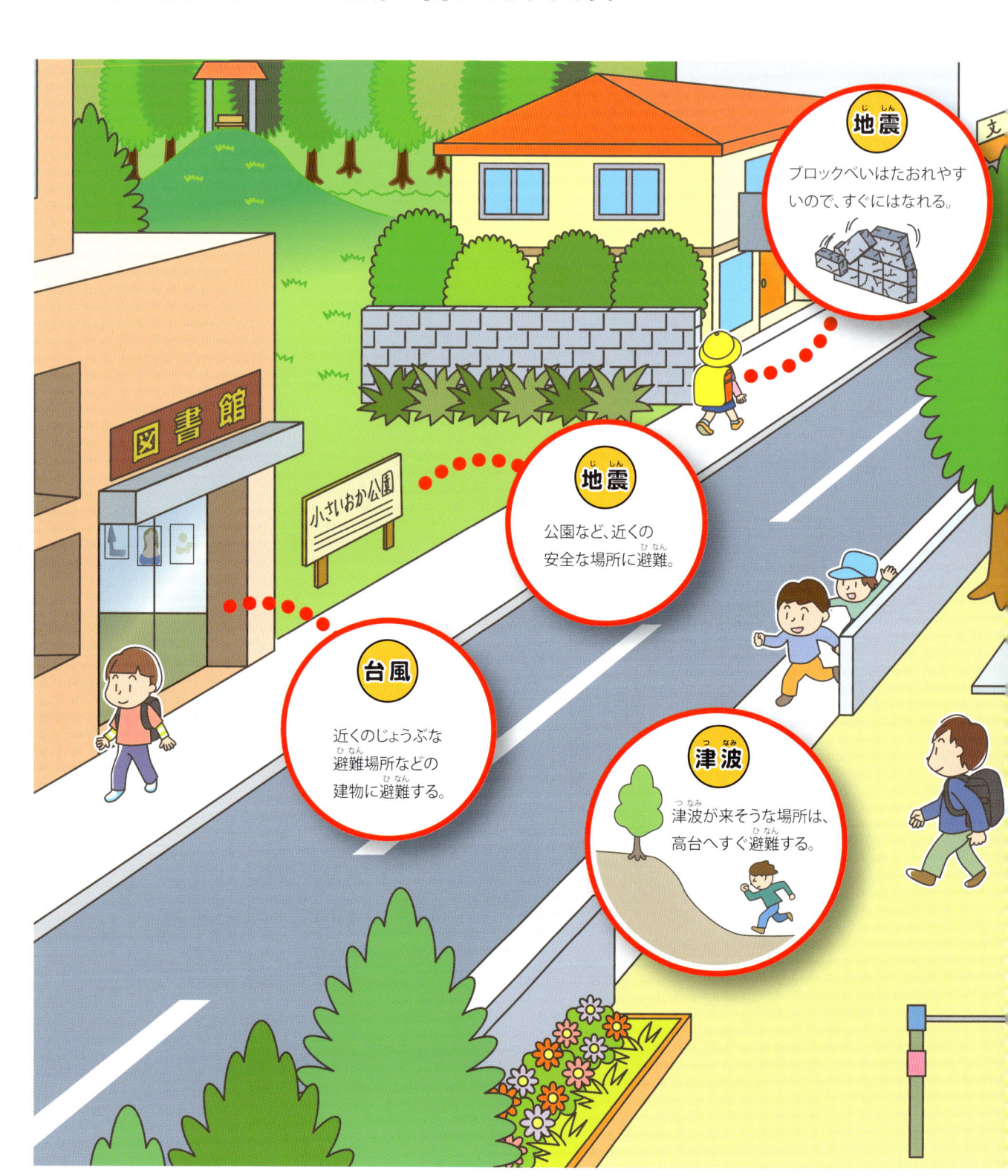

地震
ブロックべいはたおれやすいので、すぐにはなれる。

地震
公園など、近くの安全な場所に避難。

台風
近くのじょうぶな避難場所などの建物に避難する。

津波
津波が来そうな場所は、高台へすぐ避難する。

地震
防災ずきんをかぶって、机の下にもぐる。

地震
近くの教室に入る。
動けないときは、しゃがんで待機。

台風
風の強いときは、なるべく外へ出ない。
たおれそうな木や看板に注意する。

地震
動かないでその場でしゃがんで待機。

地震
グラウンドにいたら、まわりの落下物から身を守って、ゆれがおさまるまでしゃがんで待つ。

災害のそなえとして、次のことを考えましょう!
① 自分の身や家族を守ることを、日ごろから話し合う。
② 身の回りで、災害が起こった場合にどう行動するか、考えておく。
③ 家族や学校で、そのことを共有しておく。

地震　火山　土砂　津波　水害　台風　積乱雲　豪雪　自然のめぐみ　避難

どうする？ 屋外にいた場合

避難

津波や水害については、ハザードマップが公表されています。その浸水エリアや浸水高を確認し、日ごろから、避難できる安全な場所を決めておきましょう。家族や学校で、今までみてきた3枚の絵をもとに、ぜひ、話し合ってください。

山

土砂 土石流が起こる前には、くさった土のにおいがしたり、山全体がうなるような音がする。土砂の進行方向に対して直角ににげる。

豪雪 なだれのときは、まん中よりも速度がおそい外側へにげる。

エレベーター

地震・台風 停電で止まることがある。中にいた場合は、非常用よび出しボタンで救助を求める。

電車

地震・台風・豪雪 窓からはなれた中央の手すりにつかまる。しせいを低くして頭を保護する。

むやみに外に出ない。車しょうや運転手の指示を待つ。

地震

ブロックべいはたおれやすいので、すぐにはなれる。

地下鉄・地下街

地震・台風 むやみに外に出ない。車しょうや運転手の指示を待つ。

水害 地下への出入り口から一気に水が流れこむことがある。なるべく地下に入らない。

海
津波
とにかく高台へ。
高台まで行けそうにないときは、鉄筋コンクリートの建物の4〜5階以上へ。
海岸のようすは絶対に見に行かない。
車での避難は渋滞をまねくので、歩いて高台へ。

地震
照明器具などの落下に気をつける。

地震 台風
看板やガラスなどの落下に気をつける。

エスカレーター
地震 台風
避難のときはエスカレーターは使わない。
急停止で将棋だおしになる危険あり。

地震
液状化でマンホールがうき上がることも。

豪雪
電柱や木に積もった雪が頭に落ちてくるので注意。

地震
道路が寸断される。

水害
立体交差の下の道など低いところには入らない。

地震　火山　土砂　津波　水害　台風　積乱雲　豪雪　自然のめぐみ　避難

日本のおもな自然災害（江戸時代以降）

年月日	分類	災害名ほか	死者数など	概要
1605年（慶長10年）2月3日	地震・津波	慶長地震	死者2500人以上	M7.9。関東から九州に大津波が発生。
1611年（慶長16年）12月2日	地震・津波	慶長三陸地震	死者5000人以上	M8.1。北海道東岸から三陸地方に大津波が発生。
1703年（元禄16年）12月31日	地震・津波	元禄地震	死者1万人以上	M7.9～8.2。関東南部、特に房総・小田原で被害大。
1707年（宝永4年）10月28日	地震・津波	宝永地震	死者5000人以上	M8.6。日本における過去最大級の地震のひとつ。
1707年（宝永4年）12月16日～1708年（宝永5年）1月1日	火山・土砂	富士山	餓死者多数	家や農地がうまった村では餓死者多数。江戸にも数cmの降灰。
1741年（寛保元年）8月29日	火山・津波	渡島大島	死者1475人	噴火にともない津波が発生。
1742年（寛保2年）8月6～12日	台風	寛保2年江戸洪水	死者1万人以上	利根川、荒川の流域で大きな被害。
1771年（明和8年）4月24日	地震・津波	八重山地震津波	死者9000人以上	M7.4。石垣島で最大30mの大津波が発生。
1779年（安永8年）11月8～9日	火山・土砂	桜島	死者150人あまり	「安永大噴火」。噴石、溶岩流が発生。
1783年（天明3年）8月5日	火山・土砂	浅間山	死者1151人	大量の降灰と火砕流と溶岩流。吾妻川と利根川の洪水。
1792年（寛政4年）5月21日	火山・津波	雲仙岳	死者約1万5000人	「島原大変肥後迷惑」。側火山の眉山がくずれ、有明海に突入して大津波が発生。
1828年（文政11年）9月17～18日	台風	「シーボルト」台風	死者約1万3千～1万9千人	非常に強い台風が北部九州を通過。暴風とともに4m以上の高潮発生。
1854年（安政元年）12月23日	地震・津波	安政東海地震	死者2000～3000人	M8.4。関東から近畿に大津波が発生。
1854年（安政元年）12月24日	地震・津波	安政・南海地震	数千人	M8.4。中部から九州に大津波が発生。安政東海地震の32時間後に発生。
1856年（安政3年）9月23日	台風	安政江戸暴風雨	死者10万人以上	もうれつな台風が江戸城の西を通過。暴風と高潮の被害。
1858年（安政5年）4年9日	地震・土砂	飛越地震	死者343人	M7.0～7.1。飛騨山脈の鳶山が崩壊し天然ダムの形成。その後、天然ダムの決壊により、下流の富山市が被災。
1888年（明治21年）7月15日	火山・土砂	磐梯山	死者477人	水蒸気爆発で山体崩壊にともない村落が埋没。
1889年（明治22年）8月18～19日	台風・土砂	十津川大水害	死者1496人	大規模天然ダムが多数発生。十津川村民が北海道に移住。
1891年（明治24年）10月28日	地震	濃尾地震	死者行方不明者7273人	M8.0。中部から近畿で被害。内陸で発生した過去最大級の地震。
1896年（明治29年）6月15日	地震・津波	明治三陸地震	死者行方不明者2万1959人	M8.25。北海道から東北で被害。最高38.2mの津波が発生。
1910年（明治43年）8月10日	台風	明治43年大洪水	死者行方不明者1379人	関東平野一面が水びたし。荒川放水路の開削が始まる。
1914年（大正3年）1月12～29日	火山・土砂	桜島	死者58人	「大正大噴火」。溶岩流により大隅半島と地続きに。
1917年（大正6年）9月	台風	「東京湾」台風	死者行方不明者1324人	東京湾で観測史上最大の高潮を記録。
1923年（大正12年）9月1日	地震・津波	大正関東地震	死者行方不明者10万5000あまり	M7.9。「関東大震災」。大火災で家屋焼失45万。
1927年（昭和2年）3月7日	地震	北丹後地震	死者2925人	M7.3。北近畿を中心に中国・四国地方に被害。
1933年（昭和8年）3月3日	地震・津波	昭和三陸地震	死者行方不明者3064人	M8.1。北海道から東北で被害。最高28.7mの津波を記録。
1934年（昭和9年）9月20～21日	台風	室戸台風	死者行方不明者3036人	西日本をおそい、空前の被害をもたらした。昭和の三大台風のひとつ。

資料集

年 月 日	分 類	災害名ほか	死者数など	概 要
1943年（昭和18年）9月10日	地震	鳥取地震	死者1083人	M7.2。震源の浅い直下型で第二次世界大戦中に発生。
1944年（昭和19年）12月7日	地震・津波	昭和東南海地震	死者行方不明者1223人	M7.9。三重、愛知、静岡を中心に最大10mの津波が発生。
1945年（昭和20年）1年13日	地震	三河地震	死者行方不明者2306人	M6.8。直下型地震で東海から近畿で局地的に大きな被害。昭和東南海地震の約1か月後に発生した。
1945年（昭和20年）9月17～18日	台風	枕崎台風	死者行方不明者3756人	終戦直後に発生。広島県で2000人をこえる死者行方不明者。昭和の三大台風のひとつ。
1946年（昭和21年）12月21日	地震・津波	昭和南海地震	死者行方不明者1330人	M8.0。南西日本一帯で大津波。終戦前後に4年連続で起きた4大地震（鳥取・昭和東南海・三河）の最後。
1947年（昭和22年）9月15日	台風	カスリーン台風	死者行方不明者1930人	利根川、荒川の堤防が決壊し、関東平野が水びたしに。
1948年（昭和23年）6月28日	地震	福井地震	死者行方不明者3769人	M7.1。福井平野で被害大。
1953年（昭和28年）6月	豪雨・土砂	昭和28年西日本大水害	死者行方不明者1013人	筑後川、白川など九州北部を流れる河川がほぼすべて氾濫。
1953年（昭和28年）7月	豪雨・土砂	南紀豪雨	死者行方不明者1124人	和歌山県の山間部では24時間で500mm以上の雨量を記録。
1954年（昭和29年）9月26日	台風	洞爺丸台風	死者行方不明者1761人	青函連絡船洞爺丸が転覆し、1155人が死亡。
1957年（昭和32年）7月	豪雨・土砂	諫早豪雨	死者行方不明者992人	諫早市では1日に800mmの豪雨。
1958年（昭和33年）9月26～28日	台風・土砂	狩野川台風	死者行方不明者1269人	狩野川が氾濫。首都圏でもがけくずれなどの被害。
1959年（昭和34年）9月26日	台風	伊勢湾台風	死者行方不明者5098人	東海地方を中心に、高潮・暴風・河川の氾濫で大きな被害。昭和の三大台風のひとつ。
1972年（昭和47年）7月6日	豪雨・土砂	上天草大水害	死者行方不明者447人	熊本県の上天草市で、集中豪雨により、山津波が発生。
1978年（昭和53年）10月24日	火山・土砂	有珠山	死者行方不明者3人	大噴火。1978年10月二次泥流により大きな被害。
1979年（昭和54年）10月12日	台風	昭和54年台風第20号	死者110人	最低海面気圧の世界記録870 hPa（ヘクトパスカル）を観測した。北海道東部で漁船が多数遭難。
1982年（昭和57年）7月23～24日	豪雨・土砂	長崎大水害	死者行方不明者299人	土石流、がけくずれなど4457か所。過去最高の1時間降水量187mmを記録。
1986年（昭和61年）11月21日	火山	伊豆大島		山腹割れ目噴火発生で、全島民が一時島外に避難。
1991年（平成3年）6月3日	火山・土砂	雲仙岳	死者行方不明者44人	火砕流、土石流が多発した。
1995年（平成7年）1月17日	地震	兵庫県南部地震	死者行方不明者6437人	M7.3。「阪神・淡路大震災」。大火災で家屋焼失。
2000年（平成12年）8月29日	火山・土砂	三宅島		火砕流発生で全島民が一時島外に避難。その後火山ガスのため2005年2月1日まで帰島できず。
2004年（平成16年）10月20日	台風・土砂	平成16年台風第23号	死者行方不明者98人	大きな暴風域を持ち、洪水、がけくずれと高波で大きな被害。
2009年（平成21年）7月	豪雨・土砂	中国・九州北部豪雨	死者行方不明者35人	土石流、地すべり、がけくずれなど435か所。
2011年（平成23年）3月11日	地震・津波	東北地方太平洋沖地震	死者行方不明者2万960人（2012.9.28現在）	M9.0。「東日本大震災」。戦後最大の大津波で、東日本の太平洋岸を中心に大きな被害。
2011年（平成23年）9月3～4日	台風・土砂	平成23年台風第12号	死者行方不明者98人	戦後最大規模の、大雨による土砂災害発生。

※地震・火山災害は、表記以外も土砂災害をふくむ。
※火山災害の日づけについては、災害発生の月日をしめしており、噴火開始日ではない。

■ 震度とゆれ

震度と揺れ等の状況（概要）

［震度0］ 人は揺れを感じない．

［震度1］ 屋内で静かにしている人の中には，揺れをわずかに感じる人がいる．

［震度2］ 屋内で静かにしている人の大半が，揺れを感じる．

［震度3］ 屋内にいる人のほとんどが，揺れを感じる．

［震度4］
- ほとんどの人が驚く．
- 電灯などのつり下げ物は大きく揺れる．
- 座りの悪い置物が，倒れることがある．

［震度5弱］
- 大半の人が，恐怖を覚え，物につかまりたいと感じる．
- 棚にある食器類や本が落ちることがある．
- 固定していない家具が移動することがあり，不安定なものは倒れることがある．

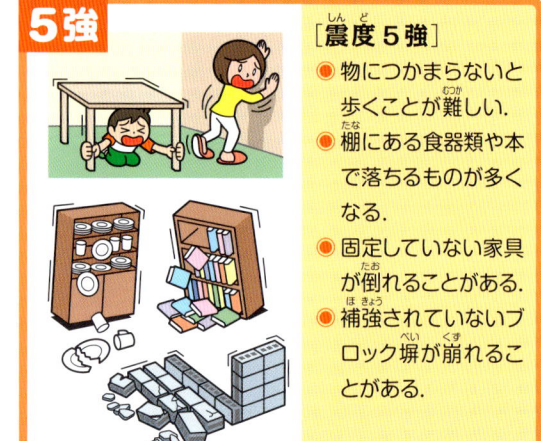

［震度5強］
- 物につかまらないと歩くことが難しい．
- 棚にある食器類や本で落ちるものが多くなる．
- 固定していない家具が倒れることがある．
- 補強されていないブロック塀が崩れることがある．

［震度6弱］
- 立っていることが困難になる．
- 固定していない家具の大半が移動し，倒れるものもある．ドアが開かなくなることがある．
- 壁のタイルや窓ガラスが破損，落下することがある．
- 耐震性の低い木造建物は，瓦が落下したり，建物が傾いたりすることがある．倒れるものもある．

［震度6強］
- はわないと動くことができない．飛ばされることもある．
- 固定していない家具のほとんどが移動し，倒れるものが多くなる．
- 耐震性の低い木造建物は，傾くものや，倒れるものが多くなる．
- 大きな地割れが生じたり，大規模な地すべりや山体の崩壊が発生することがある．

［震度7］
- 耐震性の低い木造建物は，傾くものや，倒れるものがさらに多くなる．
- 耐震性の高い木造建物でも，まれに傾くことがある．
- 耐震性の低い鉄筋コンクリート造の建物では，倒れるものが多くなる．

図提供：気象庁

おもな最近の大規模な噴火と、カルデラを形成するほど巨大な噴火

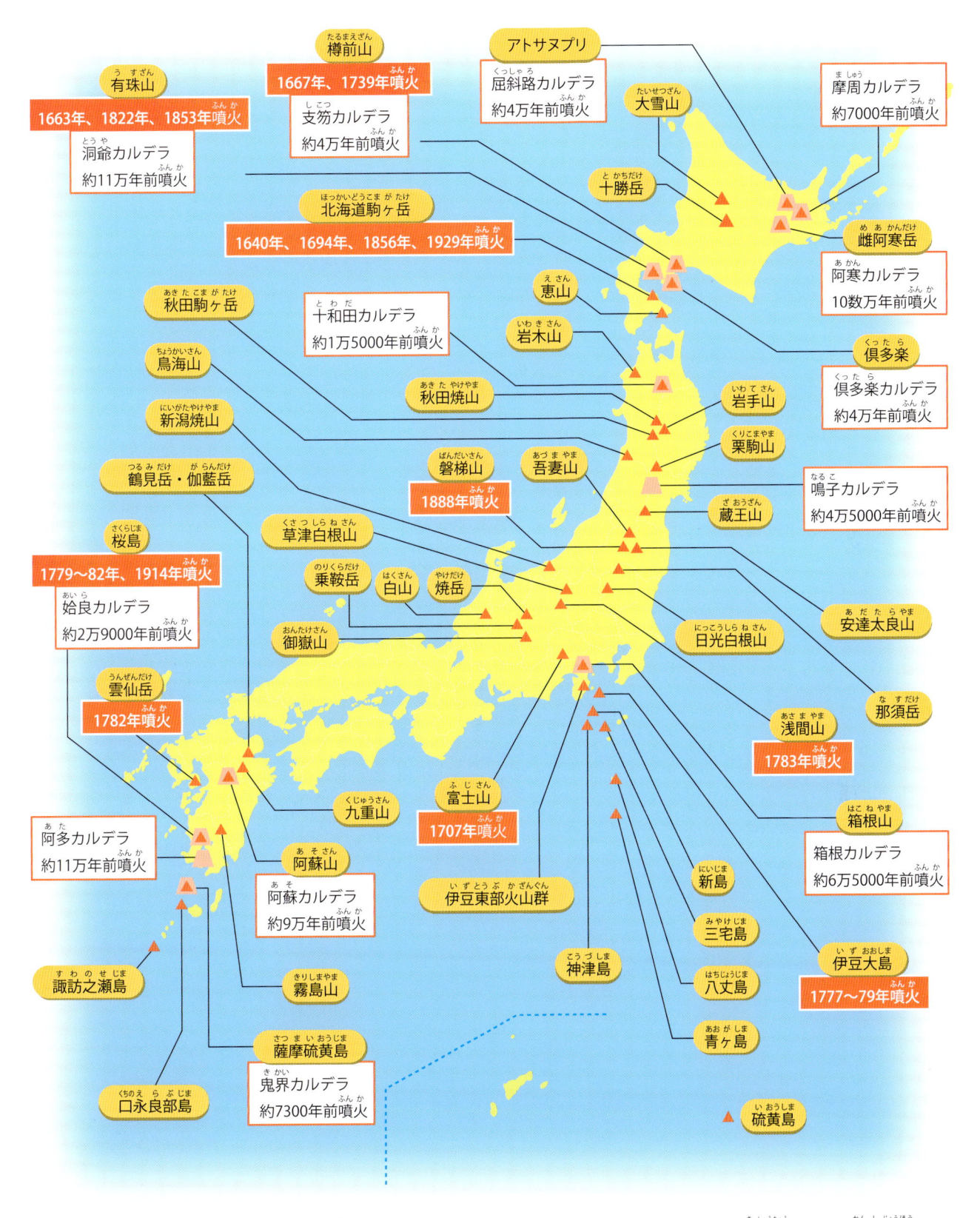

資料集

火山・カルデラ一覧

- **有珠山**：1663年、1822年、1853年噴火
- **樽前山**：1667年、1739年噴火
- **アトサヌプリ**
- **屈斜路カルデラ**：約4万年前噴火
- **大雪山**
- **摩周カルデラ**：約7000年前噴火
- **支笏カルデラ**：約4万年前噴火
- **洞爺カルデラ**：約11万年前噴火
- **北海道駒ヶ岳**：1640年、1694年、1856年、1929年噴火
- **十勝岳**
- **雌阿寒岳**
- **阿寒カルデラ**：10数万年前噴火
- **秋田駒ヶ岳**
- **十和田カルデラ**：約1万5000年前噴火
- **恵山**
- **倶多楽**
- **倶多楽カルデラ**：約4万年前噴火
- **鳥海山**
- **岩木山**
- **新潟焼山**
- **秋田焼山**
- **岩手山**
- **栗駒山**
- **鶴見岳・伽藍岳**
- **磐梯山**：1888年噴火
- **吾妻山**
- **蔵王山**
- **鳴子カルデラ**：約4万5000年前噴火
- **桜島**：1779〜82年、1914年噴火
- **草津白根山**
- **姶良カルデラ**：約2万9000年前噴火
- **乗鞍岳**
- **白山**
- **焼岳**
- **日光白根山**
- **安達太良山**
- **雲仙岳**：1782年噴火
- **御嶽山**
- **那須岳**
- **浅間山**：1783年噴火
- **阿多カルデラ**：約11万年前噴火
- **九重山**
- **富士山**：1707年噴火
- **箱根山**
- **箱根カルデラ**：約6万5000年前噴火
- **阿蘇山**
- **阿蘇カルデラ**：約9万年前噴火
- **伊豆東部火山群**
- **新島**
- **諏訪之瀬島**
- **霧島山**
- **神津島**
- **三宅島**
- **伊豆大島**：1777〜79年噴火
- **薩摩硫黄島**
- **八丈島**
- **口永良部島**
- **鬼界カルデラ**：約7300年前噴火
- **青ヶ島**
- **硫黄島**

日本には110の活火山があり、大小さまざまな規模の噴火をくり返し起こしてきた。ここでは、その中で気象庁の火山・監視情報センターが、火山活動を24時間体制で監視している47の活火山をしめした（29ページ参照）。特に、17世紀以降に3億立方メートル以上の火山噴出物を噴出した大規模な噴火については、噴火年代もしめした。さらに、カルデラを形成するほど巨大な噴火は、およそ6000年間に1回のペースで発生しており、最新の鬼界カルデラ噴火から、すでに約7300年が経過している。

資料：日本活火山総覧（気象庁編）を参考

日本のおもな活断層

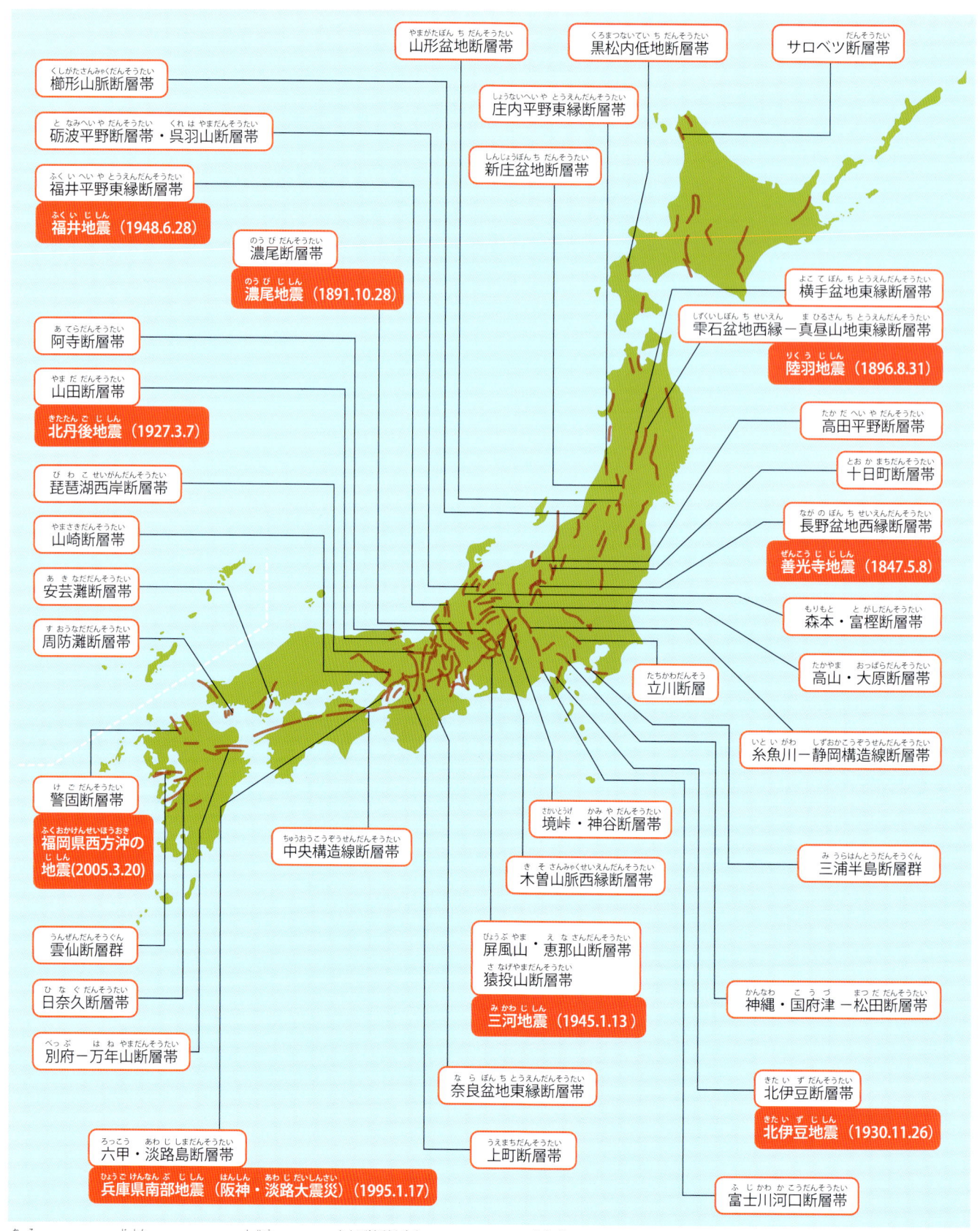

櫛形山脈断層帯	山形盆地断層帯
砺波平野断層帯・呉羽山断層帯	黒松内低地断層帯
福井平野東縁断層帯	サロベツ断層帯
福井地震（1948.6.28）	庄内平野東縁断層帯
濃尾断層帯	新庄盆地断層帯
濃尾地震（1891.10.28）	横手盆地東縁断層帯
阿寺断層帯	雫石盆地西縁－真昼山地東縁断層帯
山田断層帯	**陸羽地震（1896.8.31）**
北丹後地震（1927.3.7）	高田平野断層帯
琵琶湖西岸断層帯	十日町断層帯
山崎断層帯	長野盆地西縁断層帯
安芸灘断層帯	**善光寺地震（1847.5.8）**
周防灘断層帯	森本・富樫断層帯
警固断層帯	立川断層
福岡県西方沖の地震（2005.3.20）	高山・大原断層帯
雲仙断層群	糸魚川－静岡構造線断層帯
日奈久断層帯	境峠・神谷断層帯
別府－万年山断層帯	中央構造線断層帯
六甲・淡路島断層帯	三浦半島断層群
兵庫県南部地震（阪神・淡路大震災）（1995.1.17）	木曽山脈西縁断層帯
	屏風山・恵那山断層帯
	猿投山断層帯
	三河地震（1945.1.13）
	神縄・国府津－松田断層帯
	奈良盆地東縁断層帯
	北伊豆断層帯
	北伊豆地震（1930.11.26）
	上町断層帯
	富士川河口断層帯

過去に発生した地震の記録や歴史資料、地形・地質学的調査をもとに、同じ領域で今後どれぐらいの地震が発生するかを、政府の地震調査研究委員会がまとめたもの。日本には約2000の活断層があるといわれているが、ここではおもな活断層のみをしめしている。白文字（背景が赤色）は該当する活断層で発生した地震。活断層の地震は住んでいる地域の真下で起こるため、ゆれによる被害がとても大きくなる。

資料：地震調査研究推進本部による図を一部改変

日本のおもな海溝型地震の発生位置とその規模

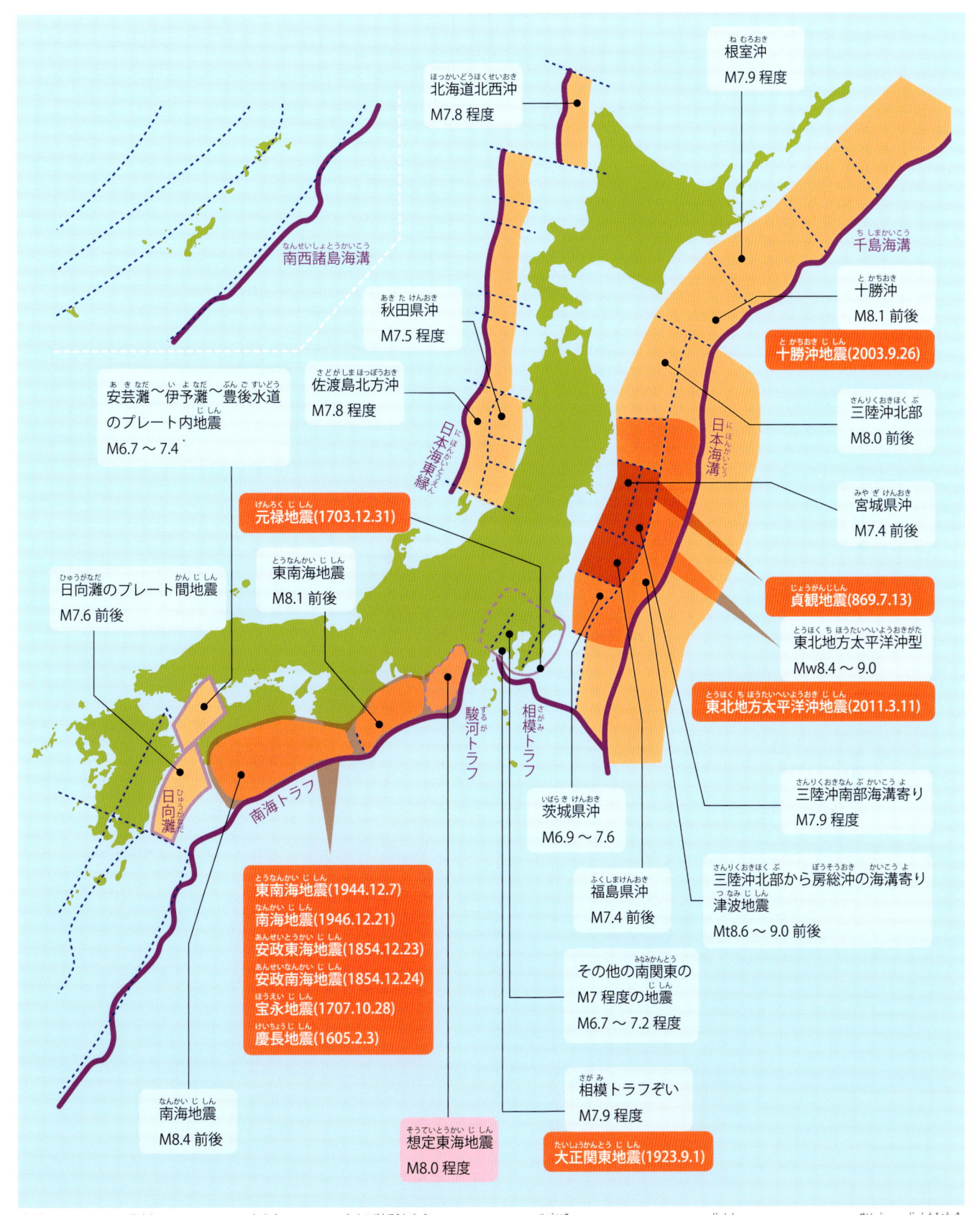

根室沖 M7.9 程度
北海道北西沖 M7.8 程度
十勝沖 M8.1 前後
十勝沖地震(2003.9.26)
秋田県沖 M7.5 程度
三陸沖北部 M8.0 前後
佐渡島北方沖 M7.8 程度
安芸灘〜伊予灘〜豊後水道のプレート内地震 M6.7〜7.4
宮城県沖 M7.4 前後
元禄地震(1703.12.31)
貞観地震(869.7.13)
東北地方太平洋沖型 Mw8.4〜9.0
東南海地震 M8.1 前後
東北地方太平洋沖地震(2011.3.11)
日向灘のプレート間地震 M7.6 前後
三陸沖南部海溝寄り M7.9 程度
茨城県沖 M6.9〜7.6
三陸沖北部から房総沖の海溝寄り津波地震 Mt8.6〜9.0 前後
福島県沖 M7.4 前後
東南海地震(1944.12.7)
南海地震(1946.12.21)
安政東海地震(1854.12.23)
安政南海地震(1854.12.24)
宝永地震(1707.10.28)
慶長地震(1605.2.3)
その他の南関東のM7 程度の地震 M6.7〜7.2 程度
相模トラフぞい M7.9 程度
南海地震 M8.4 前後
想定東海地震 M8.0 程度
大正関東地震(1923.9.1)

南西諸島海溝／千島海溝／日本海溝／日本海東縁／駿河トラフ／相模トラフ／南海トラフ／日向灘

過去に発生した地震の記録や歴史資料、地形・地質学的調査をもとに、同じ領域で今後どれぐらいの地震が発生するかを、政府の地震調査委員会がまとめたもの。白文字（背景が赤色）は該当する領域で過去発生したおもな地震であり、特に南海トラフでは規模が大きい地震がくりかえして何回も発生していることがわかる。また、東北地方太平洋沖地震はいくつもの領域にまたがって発生したことがわかる。海溝型地震の場合は、ゆれによる被害だけではなく、津波による被害も大きくなる。

資料：地震調査研究推進本部による図を一部改変

■ 土砂災害の発生状況

合計 5269件

年	件数
2007年	966
2008年	695
2009年	1058
2010年	1128
2011年	1422

2011年1〜12月までに全国で発生した土砂災害は、1422件にものぼる。このうち、土石流による災害は419件、地すべりによる災害は222件、がけくずれによる災害は781件である。また、2007〜2011年までの5年間の土砂災害の平均発生件数は1053件で、平均すると毎年1000件ほどの土砂災害が発生していることがわかる。

資料提供：国土交通省砂防部

■ 都道府県別の土砂災害の発生件数（2011年）

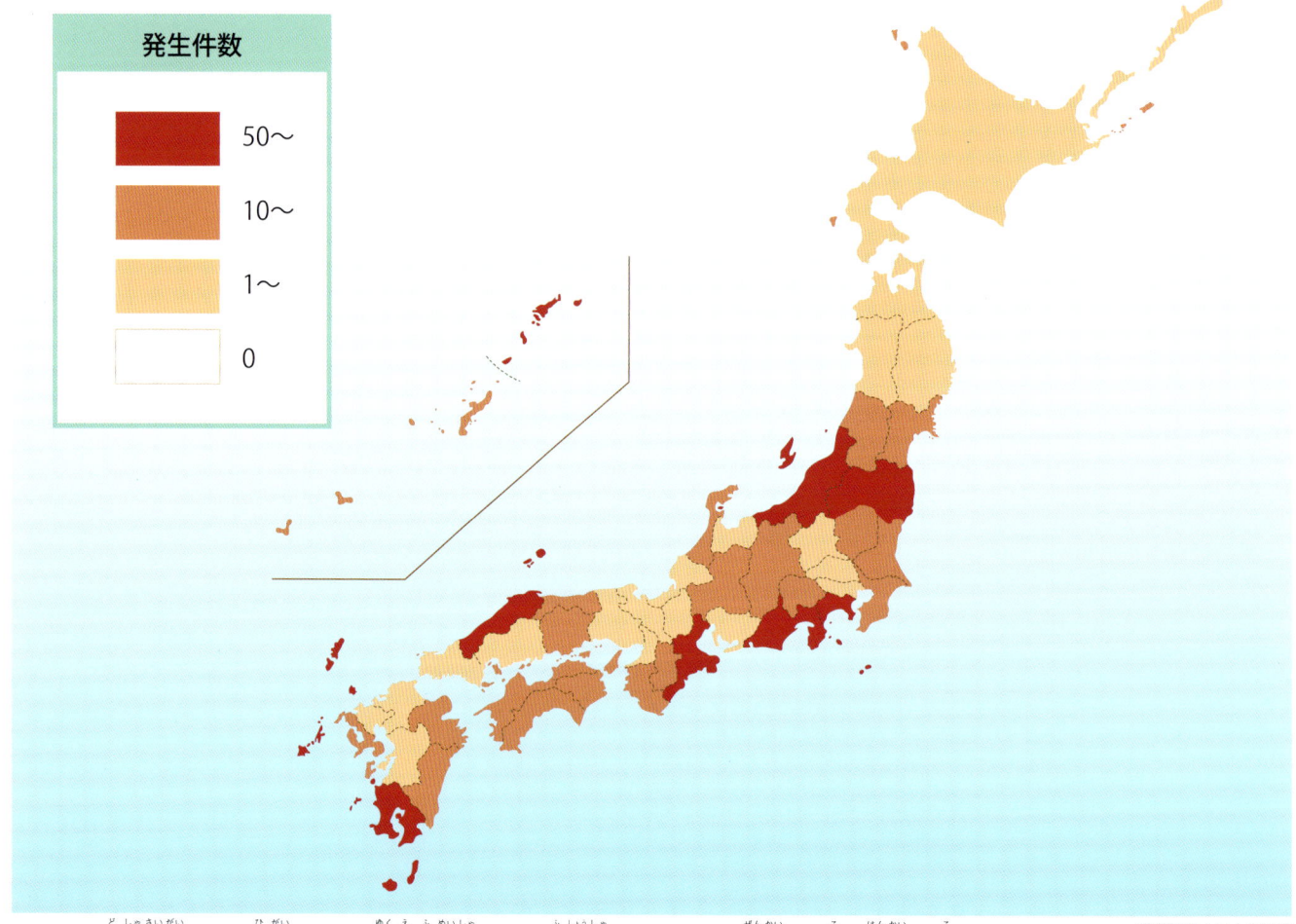

発生件数
- 50〜
- 10〜
- 1〜
- 0

2011年の土砂災害による被害は、死者行方不明者79名、負傷者20名、人家の全壊154戸、半壊78戸などとなっている。2011年の土砂災害は、全国すべての都道府県で発生している。国土交通省の調べによると、土砂災害が起こりそうな危険なところは、全国で約52万か所もある。

資料提供：国土交通省

■ 土砂災害をもたらすおもな現象の速さ

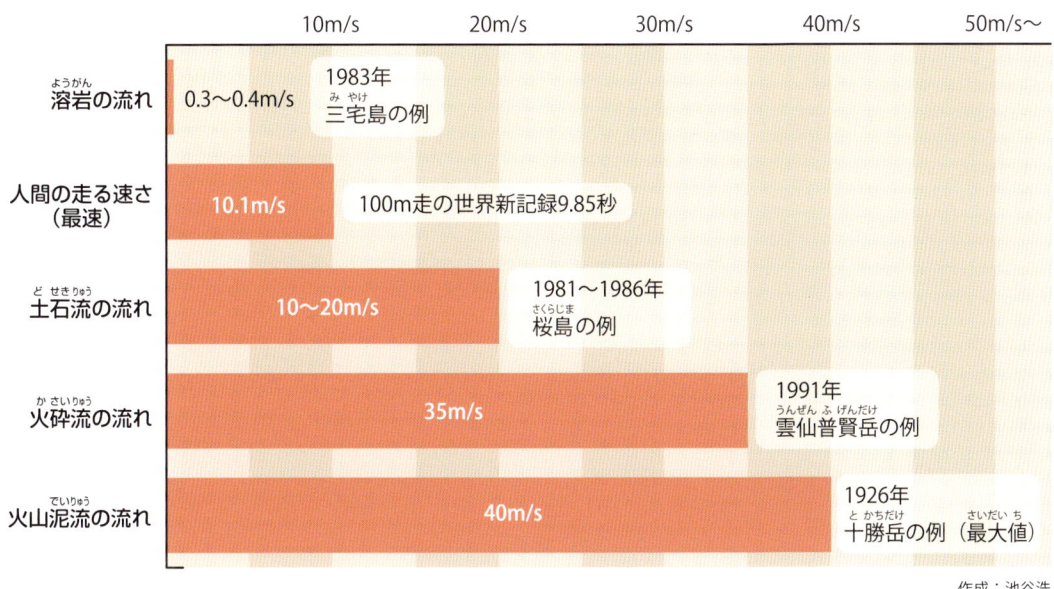

現象	速さ	例
溶岩の流れ	0.3〜0.4m/s	1983年 三宅島の例
人間の走る速さ（最速）	10.1m/s	100m走の世界新記録9.85秒
土石流の流れ	10〜20m/s	1981〜1986年 桜島の例
火砕流の流れ	35m/s	1991年 雲仙普賢岳の例
火山泥流の流れ	40m/s	1926年 十勝岳の例（最大値）

作成：池谷浩

土砂が移動する速さは、人間の走る速さよりも速い。土砂の移動速度はとても速いので、わたしたちの住んでいるところまで、きわめて短い時間で流れ下ってくることがわかる。また、速度が速いと物にぶつかったときの力が大きくなる。土石流などで家がこわれるのは、このためである。

■ 地すべりとがけくずれのちがい

	地すべり	がけくずれ
地質	特定の地質または地質構造のところに多く発生する	地質との関連は少ない
土質	おもに粘性土をすべり面として活動する	砂質土（まさ、表土、シラスなど）の中でも多く起こる
地形	5〜20度の緩斜面に発生	30度以上の急傾斜地に多く発生
活動状況	継続性、再発性	突発性
移動状況	一般に速度は小さい	速度はきわめて大きい
誘因	地下水による影響が大きい	降雨、特に降雨強度に影響される
規模	1〜100ヘクタールで規模が大きい	規模が小さい
徴候	発生前に亀裂の発生、陥没、隆起、地下水の変動などがある	徴候の発生が少なく、突発的に滑落してしまう

地すべりにくらべると、がけくずれは規模が小さい。しかし、大雨や地震により発生するがけくずれの件数は、地すべりよりも多い（31ページ参照）。

作成：池谷浩

■ 風の強さとふき方

平均風速 (m/s)	おおよその 時速	風圧 (kg 重/m2)	予報用語	速さの目安	人への影響	屋外・樹木の ようす	車に乗っていて	建造物の被害
10以上 15未満	～50km	～11.3	やや 強い風	一般道路 の自動車	風に向かって 歩きにくくなる かさがさせない	樹木全体が ゆれる 電線が鳴る	秒速10mで、道路わきのふき 流しの角度が、水平となる 高速道路で乗用車が、横風に 流される感覚を受ける	取りつけの不完全な 看板や、トタン板が 飛びはじめる
15以上 20未満	～70km	～20.0	強い風		風に向かって 歩けない 転倒する人も出る	小枝がおれる	高速道路では、横風に流され る感覚が大きくなり、通常の 速度で運転するのがむずかし くなる	ビニールハウスが こわれはじめる
20以上 25未満	～90km	～31.3	非常に 強い風	高速道路 の自動車	しっかりと身体 を確保しないと 転倒する		車の運転を続けるのは 危険な状態となる	鋼製シャッターがこ われはじめる 風で飛ばされた物で窓 ガラスがわれる
25以上 30未満	～110km	～45.0			立っていられ ない 屋外での行動 は危険	樹木が根こそ ぎたおれはじ める		ブロックべいがこわれ、 取りつけの不完全な屋外 外装材がはがれ、飛びは じめる
30以上	110km～	45.0～	もうれつな 風	特急列車				屋根が飛ばされたり、 木造住宅の全壊がはじ まる

資料提供：気象庁

※ 風速は10分間の平均風速。風のふき方はたえず強弱の変動があり、瞬間風速は、平均風速の1.5～3倍以上になることがある。なお、台風では、瞬間風速の最大は平均風速の最大の約1.4倍である。
※ 風速が同じであっても、対象となる建物、構造物の状態や風のふき方により、被害が異なる場合がある。

■ 藤田スケール（Fスケール）

F0	17～32m/s （約15秒間の平均）	テレビのアンテナなどの弱い構造物がたおれる。小枝がおれ、根の浅い木がかたむくことがある。非住家がこわれるかもしれない。
F1	33～49m/s （約10秒間の平均）	屋根がわらが飛び、ガラス窓がわれる。ビニールハウスの被害が大きい。根の弱い木はたおれ、強い木は幹がおれたりする。走っている自動車が横風を受けると、道からふき落とされる。
F2	50～69m/s （約7秒間の平均）	住家の屋根がはぎとられ、弱い非住家は倒壊する。大木がたおれたり、ねじ切れる。自動車が道からふき飛ばされ、汽車が脱線することがある。
F3	70～92m/s （約5秒間の平均）	かべがおしたおされ住家が倒壊する。非住家はバラバラになって飛びちり、鉄骨づくりでもつぶれる。汽車は転覆し、自動車はもち上げられて飛ばされる。森林の大木でも、半分以上が、おれるか、たおれるかし、引きぬかれることもある。

雨の強さとふり方

1時間雨量(mm)	予報用語	人の受けるイメージ	人への影響	屋内(木造住宅を想定)	屋外のようす	車に乗っていて	災害発生状況
10以上～20未満	やや強い雨	ザーザーとふる	地面からのはね返りで足元がぬれる	雨の音で話し声がよく聞き取れない	地面一面に水たまりができる		この程度の雨でも、長く続くときは注意が必要
20以上～30未満	強い雨	どしゃぶり	かさをさしていてもぬれる			ワイパーを速くしても見づらい	側溝や下水、小さな川があふれ、小規模のがけくずれが始まる
30以上～50未満	はげしい雨	バケツをひっくり返したようにふる		ねている人の半数くらいが雨に気がつく	道路が川のようになる	高速道路を走っているときに、車輪と路面の間に水膜が生じ、ブレーキがきかなくなる（ハイドロプレーニング現象）	山くずれ・がけくずれが起きやすくなり、危険地帯では避難の準備が必要 都市では下水管から雨水があふれる
50以上～80未満	非常にはげしい雨	滝のようにふる（ゴーゴーとふり続く）	かさはまったく役に立たなくなる		水しぶきであたり一面が白っぽくなり、視界が悪くなる	車の運転は危険	都市部では地下室や地下街に雨水が流れこむ場合がある マンホールから水が噴出する 土石流が起こりやすい 多くの災害が発生する
80以上～	もうれつな雨	息苦しくなるような圧迫感がある 恐怖を感じる					雨による大規模な災害の発生するおそれが強く、厳重な警戒が必要

資料提供：気象庁

※ この表は、この強さの雨が1時間ふり続いた場合の目安をしめしている。
※ 表にしめした雨量が同じであっても、ふり始めからの総雨量のちがいや、地形や地質などのちがいによって、被害のようすは異なることがある。

F4	93～116m/s（約4秒間の平均）	住家がバラバラになって辺りに飛びちり、弱い非住家はあとかたなく、ふき飛ばされてしまう。鉄骨づくりでもペシャンコ。列車がふき飛ばされ、自動車は何十メートルも空中飛行する。1トン以上ある物体がふってきて、危険この上もない。
F5	117～142m/s（約3秒間の平均）	住家はあとかたもなくふき飛ばされるし、立木の皮がはぎとられてしまったりする。自動車、列車などがもち上げられて飛行し、とんでもないところまで飛ばされる。数トンもある物体が、どこからともなくふってくる。

資料提供：気象庁

竜巻などのはげしい突風をもたらす現象は、風速計から実測値を得ることはむずかしい。そこで、1971年にシカゴ大学の藤田哲也博士が、竜巻やダウンバーストなどの被害の状況から、風速を大まかに推定する藤田スケール（Fスケール）を考案した。

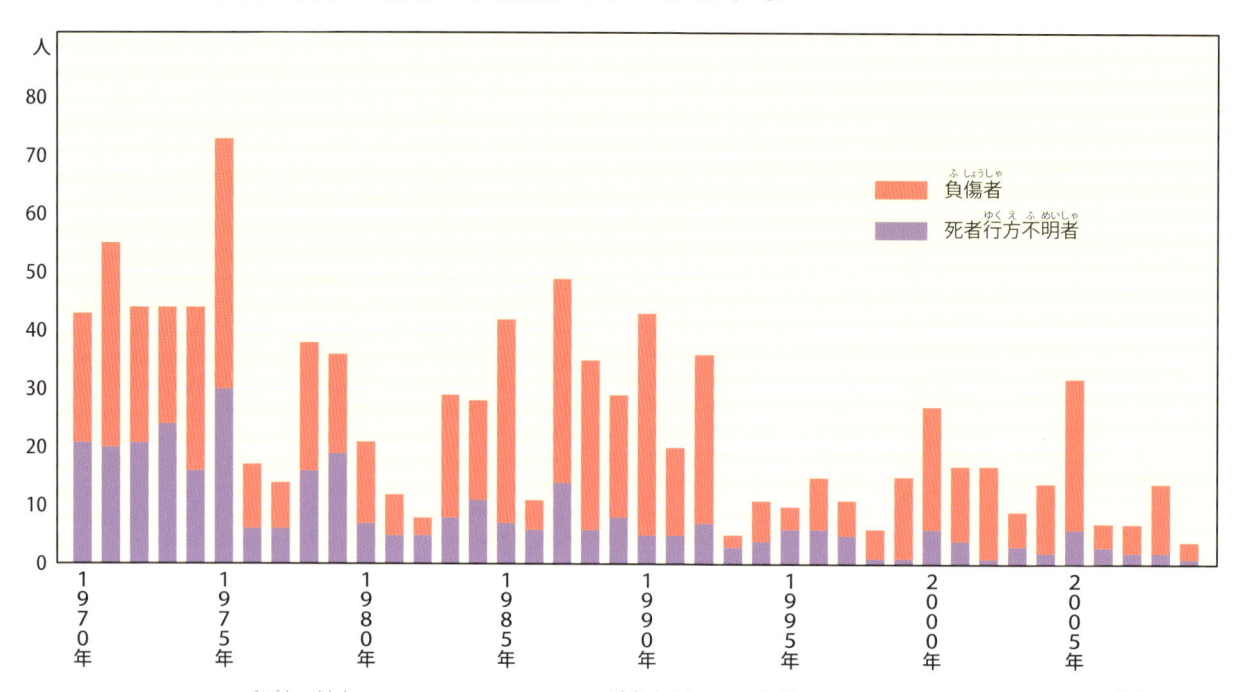

■ 落雷による死者行方不明者と負傷者のうつりかわり

気象レーダーなどによる雷雲の監視が広まり、ゴルフ場などの屋外施設で事前避難が行われるようになったため、被害者は年々へる傾向にある。ただ、急速に発達する積乱雲は地球温暖化にともない増加の傾向にある。落雷の直撃は死に直結するため、登山、スポーツなどの野外活動の際には、天気予報とともに周辺の積乱雲の発生に注意が必要である。

資料提供：警察白書

■ 豪雪の代表地点における最深積雪のうつりかわり

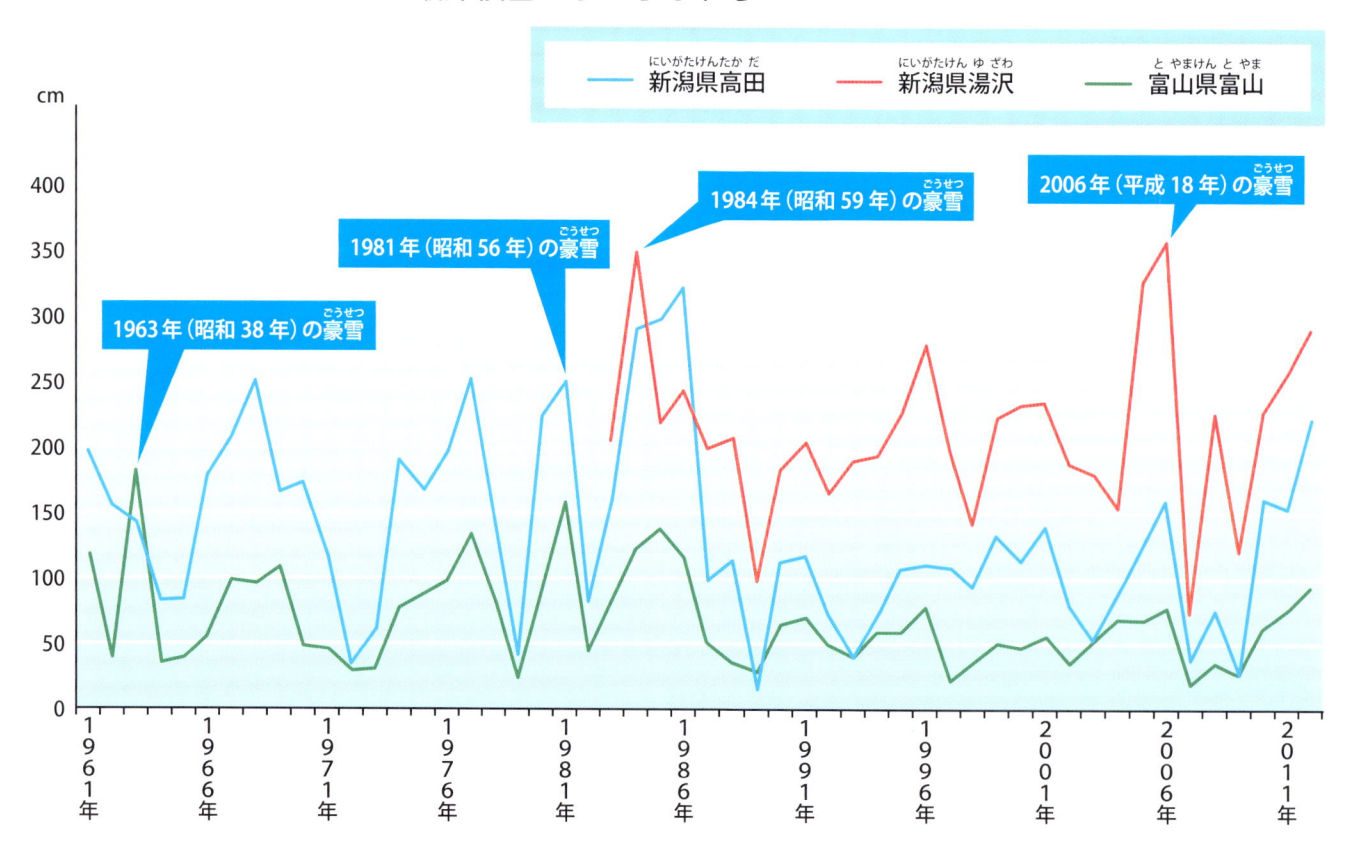

凡例：新潟県高田／新潟県湯沢／富山県富山

1963年（昭和38年）の豪雪
1981年（昭和56年）の豪雪
1984年（昭和59年）の豪雪
2006年（平成18年）の豪雪

記録的な豪雪のときでも積雪の量には地域差がある。昭和38年豪雪は西日本での積雪が多く、平成18年豪雪は山間部での積雪が多かった。また、昭和59年豪雪以降、積雪の少ない時期が続いたが、平成18年豪雪からは、平成22年、平成23年と積雪が多い年が多くなっている。

資料提供：気象庁

日本の豪雪地帯と最深積雪

豪雪地帯：積雪が特にはなはだしいため、産業の発展が停滞的で、かつ、住民の生活水準の向上が阻害されている地域

特別豪雪地帯：豪雪地帯のうち、積雪の量が特に多く、かつ、積雪により長期間自動車の交通がたたれるなど、住民の生活にいちじるしい支障を生ずる地域

道府県ごとの最深積雪（標高500m未満）

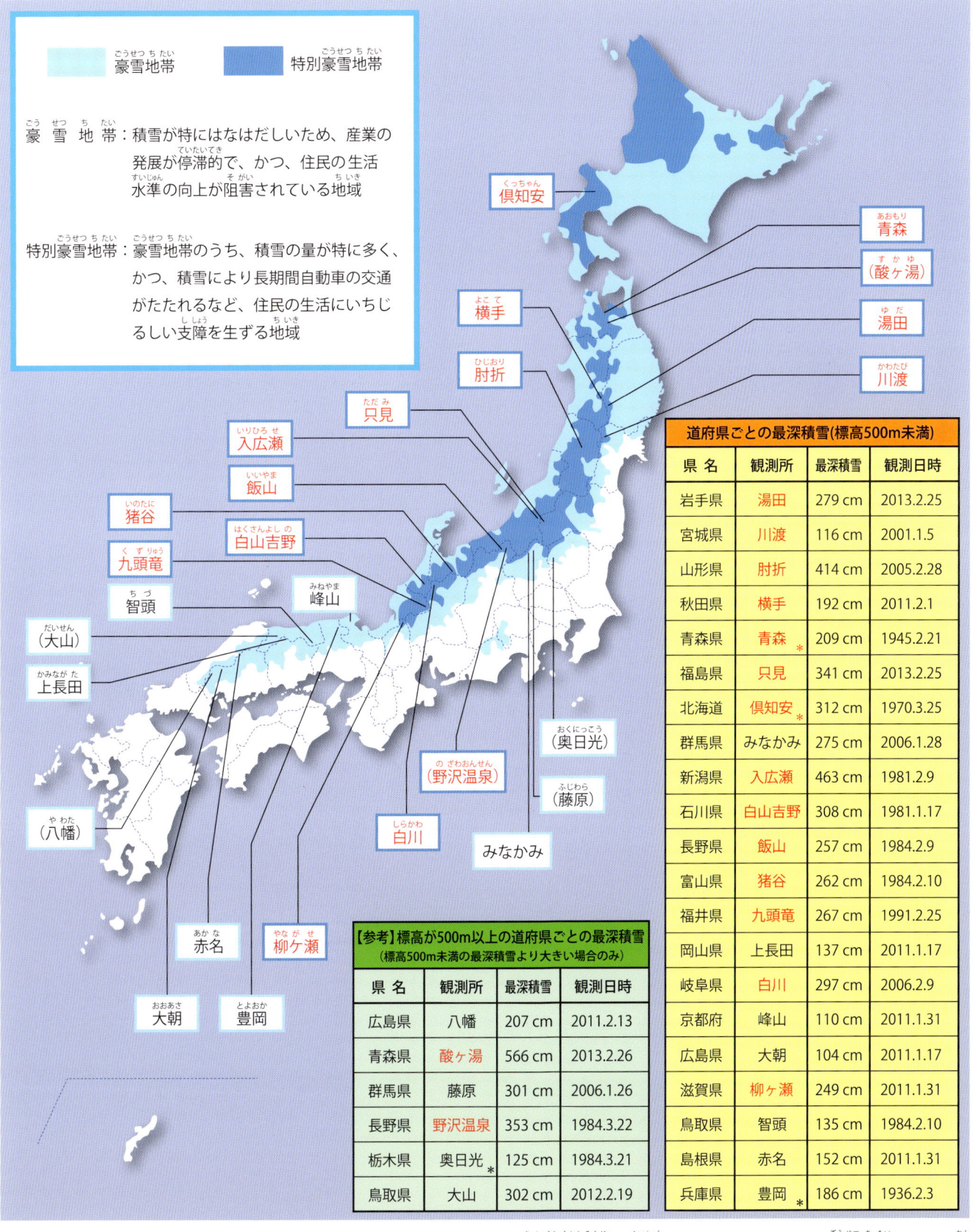

県名	観測所	最深積雪	観測日時
岩手県	湯田	279 cm	2013.2.25
宮城県	川渡	116 cm	2001.1.5
山形県	肘折	414 cm	2005.2.28
秋田県	横手	192 cm	2011.2.1
青森県	青森*	209 cm	1945.2.21
福島県	只見	341 cm	2013.2.25
北海道	倶知安*	312 cm	1970.3.25
群馬県	みなかみ	275 cm	2006.1.28
新潟県	入広瀬	463 cm	1981.2.9
石川県	白山吉野	308 cm	1981.1.17
長野県	飯山	257 cm	1984.2.9
富山県	猪谷	262 cm	1984.2.10
福井県	九頭竜	267 cm	1991.2.25
岡山県	上長田	137 cm	2011.1.17
岐阜県	白川	297 cm	2006.2.9
京都府	峰山	110 cm	2011.1.31
広島県	大朝	104 cm	2011.1.17
滋賀県	柳ヶ瀬	249 cm	2011.1.31
鳥取県	智頭	135 cm	1984.2.10
島根県	赤名	152 cm	2011.1.31
兵庫県	豊岡*	186 cm	1936.2.3

【参考】標高が500m以上の道府県ごとの最深積雪（標高500m未満の最深積雪より大きい場合のみ）

県名	観測所	最深積雪	観測日時
広島県	八幡	207 cm	2011.2.13
青森県	酸ヶ湯	566 cm	2013.2.26
群馬県	藤原	301 cm	2006.1.26
長野県	野沢温泉	353 cm	1984.3.22
栃木県	奥日光*	125 cm	1984.3.21
鳥取県	大山	302 cm	2012.2.19

表は道府県ごとの標高500メートル未満の最深積雪（2013年2月末現在、気象庁観測所を対象）をしめしている。特別豪雪地帯内にある観測所については、オレンジ色で、観測所名をしめした。観測期間はおよそ30年だが、*のついた観測所はそれより長い。なお、標高500メートル以上の観測所の最深積雪のほうが大きい道府県は、参考として別表にし、地図上では（ ）とした。

資料提供：気象庁

さくいん

【あ】

秋雨 …………………………………… 54, 74
亜硫酸ガス（二酸化硫黄） ……………… 25
伊勢湾台風 ………………… 60, 62, 63, 70, 99
韋駄天台風 ……………………………… 69
有珠山噴火（2000年） ……… 20, 23, 28, 29
内側降雨帯 ……………………………… 67
雲仙普賢岳噴火（1990〜1995年）
　……………………… 18, 19, 98, 99, 101, 105
液状化現象 …………………………… 8, 9, 97
大津波警報 …………………………… 48, 49
おし波 …………………………………… 48
温帯低気圧 ……………………………… 64
温低化 …………………………………… 64

【か】

海溝 …………………………… 14, 15, 103
海底火山噴火 …………………………… 47
海底地すべり …………………………… 47
がけくずれ ……………… 10, 31, 32, 33, 35, 36,
　　　　　　　　　　　38, 99, 104, 105, 107
下降流 …………………………………… 78
火砕流 ………… 18, 19, 27, 28, 91, 98, 99, 105
火山ガス ………………………… 21, 25, 26, 27, 99
火山監視・情報センター ……………… 29
火山弾 …………………………………… 20
火山灰 ………… 19, 21, 25, 27, 28, 33, 39, 90, 91
火山噴火 ………………………… 24, 32, 33, 39
火山噴火予知連絡会 …………………… 29
火山防災マップ ……………………… 28, 39
火山レキ ………………………………… 27

霞堤 ……………………………………… 58
カスリーン台風 ……………………… 54, 99
活火山 ………………………… 30, 33, 101
活断層 ………………………… 11, 15, 102
カルデラ ……………… 19, 24, 25, 47, 91, 101
寒気 ……………………………………… 84
関東大震災 …………………………… 7, 98, 103
岩盤崩落 ………………………………… 47
帰宅困難 ………………………………… 17
局地的な大雨 …………………………… 79
緊急地震速報 …………………………… 17
クラカタウ火山 ………………………… 47
K/Tインパクト ………………………… 47
豪雨 ………………………… 30, 34, 56, 57, 99
洪水警報 ………………………………… 51
豪雪 ……………… 82, 83, 84, 86, 108, 109
コリオリ効果 …………………………… 68

【さ】

災害遺構 ………………………………… 23
災害伝言サービス ……………………… 17
災害伝言ダイヤル ……………………… 17
砂防堰堤 …………………… 35, 37, 38, 39
地すべり ……… 31, 32, 33, 35, 36, 99,
　　　　　　　　　　　100, 104, 105
しずみこむプレート内の地震 ………… 15
島原大変肥後迷惑 …………………… 47, 98
集中豪雨 ……………… 74, 75, 78, 79, 81, 99
上昇流 …………………………… 68, 73, 77, 78
震源 ……………………………… 17, 43, 98
森林保全 ………………………………… 58
水害防備林 ……………………………… 58
砂地盤 …………………………………… 9
西高東低 ………………………………… 84

積乱雲 ……………… 61, 68, 72, 73, 74, 75,
　　　　　　　　76, 77, 78, 79, 80, 108
先行降雨 ………………………………… 74
前線 ……………………………………… 85
外側降雨帯 ……………………………… 67

【た】

大気が不安定 …………………………… 78
大規模水害 ……………………………… 53
耐震化 ………………………………… 16, 92
耐震固定 ……………………………… 16, 92
第二室戸台風 …………………………… 70
台風情報 ………………………… 64, 70, 71, 92
台風第12号（2011年） ………… 56, 66, 99
台風第14号（2003年） ………………… 64
台風第18号（1999年） ………………… 63
台風第18号（2004年） ……………… 64, 65
台風第19号（1991年） ………………… 65
台風第23号（2004年） ………………… 66
台風のたまご …………………………… 67
太平洋高気圧 …………………………… 68
ダウンバースト ……………… 76, 77, 107
高潮 ……………………… 60, 62, 63, 65, 71
高波 ………………………………… 60, 62
竜巻 ……………… 72, 76, 77, 80, 81, 107
竜巻注意情報 …………………………… 77
地方都市水害 …………………………… 53
着雪 …………………………………… 85, 87
中条堤 …………………………………… 58
沖積平野部 ……………………………… 57
長周期地震動 ………………………… 12, 13
津波警報 ……………………… 43, 48, 49
津波地震 ………………………………… 48
津波注意報 …………………………… 48, 49

津波ハザードマップ ……………… 49, 96
梅雨 ………………………………… 74
低気圧 ……………… 84, 85, 61, 66
停電 ………… 13, 51, 52, 85, 87, 93, 96
天然ダム ……………… 32, 36, 37, 39, 98
東海豪雨（2000年）……… 50, 51, 53, 57
十勝沖地震 ……………… 13, 48, 103
都市水害 …………………………… 53
土砂くずれ ………………………… 10
土砂災害緊急情報 ………………… 39
土砂災害警戒区域図 ……………… 39
土砂災害警戒情報 ……………… 38, 39
土砂災害の危険か所 ……………… 35
土石流 …… 19, 30, 31, 33, 34, 35, 37, 38,
39, 96, 99, 104, 105, 107
土石流危険区域図（ハザードマップ）… 37
利根川の東遷 ……………………… 59

【な】

なだれ ………………… 82, 83, 86, 87, 96
波の周期 …………………………… 40
南岸低気圧 ………………………… 85
新潟県中越地震 ……………… 10, 15, 36
新潟・福島豪雨（2004年）……………… 50
二酸化硫黄（亜硫酸ガス）………… 25
二次災害 …………………………… 10
にんじん雲 ………………………… 79
熱帯低気圧 ……………………… 61, 67

【は】

梅雨前線 ………………………… 52, 81
ハザードマップ …… 37, 38, 39, 49, 59, 96
波長 ………………………………… 40

ハリケーンカトリーナ …………… 62
阪神・淡路大震災 ………………… 60
氾濫 ………… 50, 51, 52, 54, 56, 57, 58, 59,
66, 67, 74, 81, 91
東日本大震災 …… 8, 9, 11, 12, 13, 17, 40,
41, 42, 43, 44, 48, 88
引き波 ………………………… 45, 48
避難勧告 ……………………… 39, 51
避難指示 ……………………… 39, 51
ひょう ………………………… 72, 73
兵庫県南部地震 ……… 11, 15, 99, 102
漂流物 ……………………………… 45
福岡水害（2003年7月）…………… 55
藤田スケール …………………… 77, 106
冬型の気圧配置 ………………… 82, 84
プレート ……………………… 14, 15, 103
プレート境界 ………………… 14, 15
プレート境界の地震 ……………… 15
噴煙 …………………………… 27, 29
噴火警戒レベル …………………… 29
噴石 ………………………… 19, 20, 27, 28
噴泥 ………………………………… 20
暴風 ……………………… 63, 64, 70, 71
暴風域 ……………………………… 70
暴風警戒域 ………………………… 70
北海道南西沖地震 ……………… 44, 48

【ま】

マグニチュード …… 6, 10, 12, 13, 14, 17,
36, 45, 47, 48
マグマ ……………… 20, 21, 23, 26, 27
三宅島噴火（1983年）……………… 22
三宅島噴火（2000年）…… 20, 24, 25, 28, 99
明治三陸地震津波 ……………… 48, 98

【や】

八重山地震 ……………………… 47, 98
山くずれ …… 10, 19, 30, 32, 33, 36, 107
溶岩 ………………… 19, 21, 22, 27
溶岩流 ……………… 19, 21, 22, 27, 28
予報円 ……………………………… 70

【ら】

落雷 ……………………………… 73, 108
陸域の浅い地震 …………………… 15
硫化水素 …………………………… 25
りんご台風 ………………………… 65

【わ】

輪中堤 ……………………………… 59

■ 監修
NPO法人CeMI環境・防災研究所
2004年2月に内閣府認証を受けた、環境保全・防災の研究者や専門家によって組織されたNPO法人環境防災総合政策研究機構（CeMI）の研究所。環境の保全や災害による被害の軽減を目的として調査研究、政策提言、機関連携、国民への啓発や社会教育の推進を目指して活動中。

■ 執筆
「災害・防災図鑑」編集委員会編集委員長　藤井敏嗣（ふじいとしつぐ）

NPO法人環境防災総合政策研究機構専務理事、環境・防災研究所所長、東京大学名誉教授。東京大学地震研究所教授、東京大学理事・副学長を経て、2010年より現職。また、2003年から気象庁の火山噴火予知連絡会会長、2006～2008年には日本火山学会会長として活動した。その他に、文部科学省科学技術・学術審議会委員、国際火山学・地球内部化学協会（IAVCEI）副会長、日本地球惑星科学連合固体地球科学セクションプレジデント、中央防災会議「災害教訓の継承に関する専門調査会」委員、「富士山ハザードマップ検討委員会」委員、「三宅島火山活動検討委員会」座長を歴任し、マグマ学や岩石学の第一人者として火山対策などの防災に貢献している。

地震・津波担当	横田　崇	（気象庁気象研究所地震火山研究部部長）
	上野　寛	（気象庁気象研究所地震火山研究部主任研究官）
火山担当	新堀賢志	（NPO法人CeMI環境・防災研究所主任研究員）
土砂担当	池谷　浩	（政策研究大学院大学特任教授）
水害担当	越智繁雄	（国土交通省大臣官房技術調査課課長）
	青野正志	（国土交通省大臣官房技術調査課課長補佐）
台風・積乱雲・豪雪担当	牧原康隆	（札幌管区気象台長）
	半井小絵	（気象予報士・元NHK気象キャスター）
自然のめぐみ担当	大石温子	（元NPO法人CeMI環境・防災研究所研究員）
避難担当	松尾一郎	（NPO法人CeMI環境・防災研究所副所長）
	田鍋敏也	（壮瞥町教育委員会教育長）

装　幀 ● 村口敬太（株式会社スタジオダンク）

本文デザイン・DTP ● 齋藤いづみ

イラスト・図版 ● 酒井圭子

編集協力 ● OCHI NAOMI OFFICE

ISBN978-4-7999-0004-8　NDC450　111p　302×215mm

災害・防災図鑑　すべての災害から命を守る

2013年3月　初版第1刷発行
2018年11月　第2刷発行

監　修	●	NPO法人CeMI環境・防災研究所
発行者	●	水谷泰三
発行所	●	株式会社 文溪堂　〒112-8635　東京都文京区大塚3-16-12

TEL（営業）03-5976-1515
　　（編集）03-5976-1511
ホームページ　http://www.bunkei.co.jp

印刷・製本 ● 図書印刷株式会社

© NPO Crisis & Environment Management Policy Institute/BUNKEIDO Co., Ltd. 2013 Printed in Japan
本書の内容を無断で複写・複製・転載することを禁じます。落丁本・乱丁本はおとりかえします。定価はカバーに表示してあります。